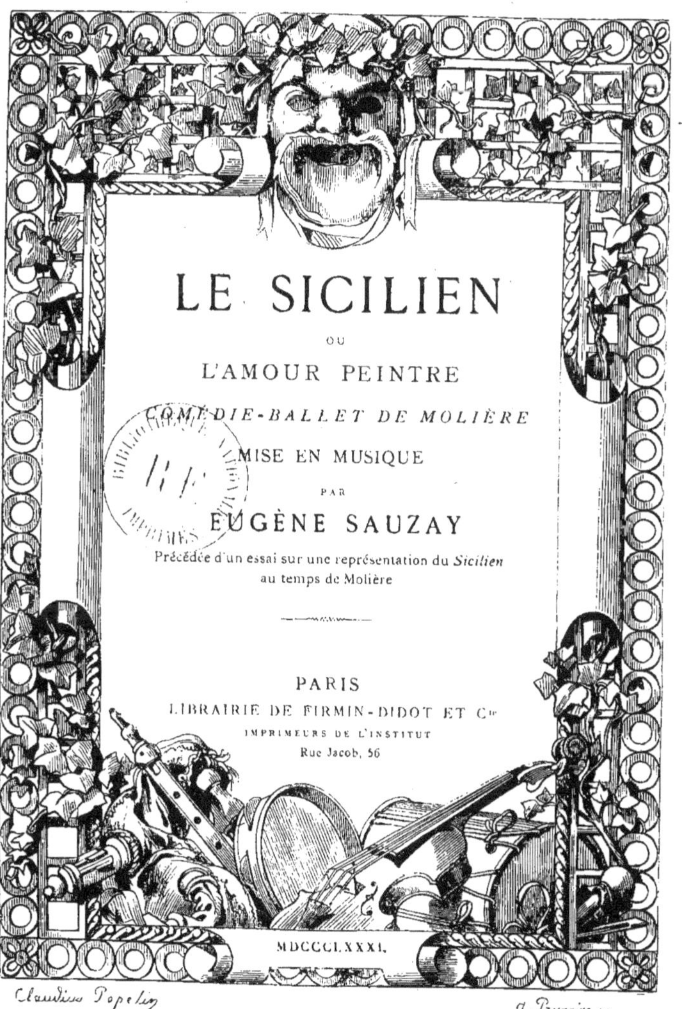

LE SICILIEN

OU

L'AMOUR PEINTRE

COMÉDIE-BALLET DE MOLIÈRE

MISE EN MUSIQUE

PAR

EUGÈNE SAUZAY

Précédée d'un essai sur une représentation du *Sicilien* au temps de Molière

PARIS
LIBRAIRIE DE FIRMIN-DIDOT ET Cie
IMPRIMEURS DE L'INSTITUT
Rue Jacob, 56

MDCCCLXXXI.

Claudius Popelin — A. Prunaire sc.

LE SICILIEN
OU
L'AMOUR PEINTRE

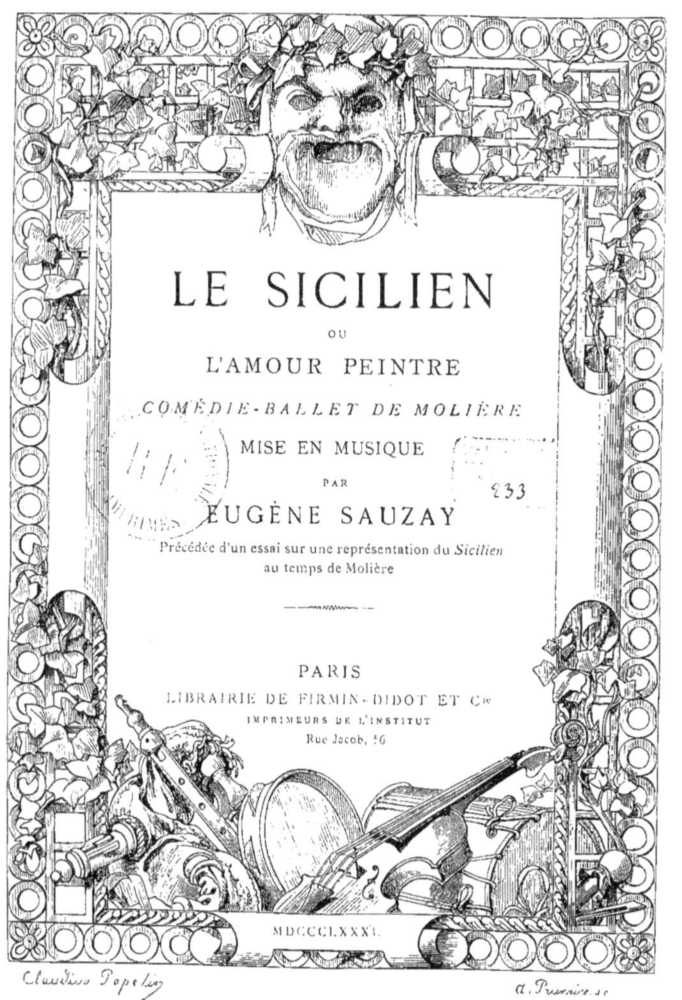

LE SICILIEN

OU

L'AMOUR PEINTRE

COMÉDIE-BALLET DE MOLIÈRE

MISE EN MUSIQUE

PAR

EUGÈNE SAUZAY

Précédée d'un essai sur une représentation du *Sicilien* au temps de Molière

PARIS

LIBRAIRIE DE FIRMIN-DIDOT ET Cie

IMPRIMEURS DE L'INSTITUT

Rue Jacob, 56

MDCCCLXXXI

Claudius Popelin

A. Pouzaire sc

A SON ALTESSE IMPÉRIALE

MADAME LA PRINCESSE MATHILDE

CE LIVRE EST DÉDIÉ

en témoignage de fidèle et respectueux attachement.

AU LECTEUR.

E *temps est tout à Molière; jamais à aucune époque on ne l'a plus honoré, plus fêté qu'aujourd'hui : aussi ne faisons-nous que suivre le courant, en chargeant ce petit volume de raconter* le Sicilien, *paroles et musique.*

Si l'on se demande d'où vient ce sincère et constant renouveau du poète, à qui sait comprendre la réponse va de soi : lire Molière, c'est l'aimer; l'aimer, c'est le relire, en parler, y revenir encore, sûr qu'on est de trouver toujours, dans ce bon et grand génie, le côté qui correspond à son propre cœur et à l'esprit de chacun. Notre côté, à nous, n'est pas celui de tout le monde; c'est simplement le Molière des divertissements et des intermèdes, tendre et gracieux Watteau des fêtes galantes et des bergeries; le Molière-librettiste, *collaborateur de Lulli, écrivant pour* le Sicilien *ce qu'il nomme « un fragment de comédie, » comédie à trois voix, suivie de*

2

deux divertissements chantés et dansés; côté modeste et toutefois charmant, devant lequel le lecteur passe trop souvent sans le voir, mais sur lequel s'arrête volontiers le musicien.

C'est par cette partie musicale que nous avons autrefois commencé cet essai, sans autre pensée que le plaisir de chanter les vers harmonieux du poète et d'apporter, sous cette forme, notre obole à la grande confrérie moliéresque; mais,

> « *Tel, comme dit Merlin, cuide engeigner autrui,*
> *Qui souvent s'engeigne soi-même.* »

Croyant prendre Molière, c'est lui qui nous a pris; de là l'idée de faire précéder notre musique d'une notice explicative sur l'ensemble de la pièce, rappelant les habitudes et les mœurs du Théâtre-Français en 1667; *le tout réuni sous ce titre :*

UNE REPRÉSENTATION DU *SICILIEN* AU TEMPS DE MOLIÈRE.

On compte tant de partisans de l'avenir, qu'on peut bien en accepter un du passé, surtout en faveur de cette œuvre originale et plaisante, trop délaissée aujourd'hui, et par cela même plus intéressante encore, à laquelle, cependant, s'applique si bien ce que Boileau dit ailleurs en parlant de l'École des Femmes :

> *Sa charmante naïveté*
> *S'en va pour jamais, d'âge en âge,*
> *Divertir la postérité.*

*L'*introduction *de cet essai contient l'analyse du* Sicilien *et ses origines.*

La première partie *donne les renseignements et détails rétrospectifs puisés aux sources les plus autorisées : théâtre, acteurs, costumes, décors, mise en scène, musiciens et musique, y compris celle de Lulli; toutes choses cueillies dans le jardin d'autrui, et rassemblées ici à l'occasion de notre sujet.*

On trouvera dans la seconde partie, *comme complément naturel de la représentation, le compte rendu des journaux du temps, et les impressions et jugements des écrivains modernes qui ont parlé de cette comédie; puis une appréciation raisonnée sur la valeur relative de la musique et de la littérature au temps de Louis XIV, laquelle pourra servir à nous justifier d'avoir appliqué au divertissement du* Sicilien *la musique qui termine ce travail.*

Nous engageons le lecteur, s'il a oublié le sujet du Sicilien, *à lire l'extrait qui suit, résumé de cette pièce légère et charmante, espagnole par la jalousie de Don Pèdre, grecque par Isidore et Zaïde, italienne à la Sbrigani par les fourberies d'Hali; tout égayée de divertissements, musique et danse; écrite sur le thème ancien et toujours nouveau du jaloux dupé, ancêtre plus ou moins direct du Bartholo de Rosine.*

Chiribirida ouch alla stat bon turca

INTRODUCTION.

ANALYSE ET ORIGINES DE LA COMÉDIE DU *SICILIEN*, *OU L'AMOUR PEINTRE.*

DRASTE, gentilhomme français, aime Isidore, jeune Grecque, esclave de Don Pèdre, gentilhomme sicilien; et, dans le désir qu'il a de l'entretenir, se désole de ne pouvoir éloigner « l'incommode jaloux qui, sans cesse, veille sur elle. »

Hali, Turc, esclave d'Adraste, seconde de tous ses efforts le dessein de son maître. « J'en essayerai tant, de toutes les manières, que quelque chose enfin nous pourra réussir. »

Dès la scène troisième, scène de nuit, Hali, après avoir plaisamment fait comprendre à son maître les caractères distinctifs du bémol et du bécarre, amène sous les fenêtres d'Isidore des musiciens qui chantent une scène de comédie interrompue par Don Pèdre, à qui cette sérénade déplaît fort, et qui, appelant à lui tous ses valets, vrais ou supposés, chasse les musiciens et leur fait quitter la place.

Le jour paraît; Isidore sort de la maison avec Don Pèdre. Elle se plaint à lui de ce qu'il l'a réveillée si matin, surtout un jour où l'on doit faire son portrait, et lui reproche la contrainte dans laquelle il la tient; à quoi Don Pèdre répond qu'il est « jaloux d'elle comme un tigre, » et qu'après l'avoir affranchie, pour en faire sa femme, elle répond bien mal à un sentiment qui ne part que d'un excès d'amour.

Dans la scène suivante, servant d'occasion à un autre divertissement, nouvelle tentative d'Hali qui s'introduit chez Don Pèdre sous prétexte de lui faire voir et acheter, s'ils lui plaisent, des esclaves chantants et dansants, et profite adroitement de sa ruse pour faire comprendre à Isidore le dessein de son maître. De son côté, Adraste trompe Don Pèdre en feignant de venir de la part du peintre Damon, son ami, qui l'envoie à sa place faire le portrait d'Isidore, tandis qu'Hali, vêtu en cavalier espagnol, occupe l'attention de Don Pèdre en lui demandant conseil sur une affaire d'honneur, « un soufflet à main ouverte sur le beau milieu de la joue ; » ce qui permet à Adraste de déclarer son amour à Isidore ; à quoi elle répond par : « Je ne sais si vous dites vrai ; mais vous persuadez. » Restée seule avec Don Pèdre, Isidore lui vante ce gentilhomme, qui lui paraît « le plus civil du monde ; » elle fait l'éloge des Français, qui savent plaire aux dames. De son côté Don Pèdre trouve que « s'ils plaisent aux dames, ils déplaisent fort aux messieurs. »

Tout à coup entre en scène Zaïde, autre jeune esclave. Elle se précipite aux pieds de Don Pèdre, le suppliant de la sauver des mains d'un mari furieux, dont la jalousie exige qu'elle soit toujours voilée, et qui, l'ayant trouvée le visage un peu découvert, la poursuit pour la tuer. Don Pèdre répond en lui montrant Isidore : « Entrez là dedans avec elle, et n'appréhendez rien. » Ce soi-disant mari furieux n'est autre qu'Adraste ; il réclame sa femme « pour la traiter comme elle mérite, » mais sa colère s'éteint bientôt et cède aux instances de Don Pèdre, qui le supplie de pardonner une si légère offense et de se réconcilier avec elle : « C'est une grâce que je vous demande, et je la recevrai comme un essai de l'amitié que je veux qui soit entre nous. »

LE SICILIEN, OU L'AMOUR PEINTRE. (Scène XIII.)

Gravure de l'édition de 1682, en 8 volumes in-12, dite de La Grange. (Voir page 28.)

Don Pèdre appelle Zaïde, à laquelle il annonce que la paix est faite; celle-ci rentre dans la pièce où elle s'était réfugiée avec Isidore, pour prendre son voile, « sans lequel elle n'oserait paraître devant son mari. »

Don Pèdre « fait toucher dans la main » Adraste et Isidore cachée sous le voile de Zaïde ; il les met lui-même dehors, en les conjurant de vivre, pour l'amour de lui, dans une parfaite union. Alors, il appelle Isidore; mais, à sa grande surprise, à sa confusion, c'est Zaïde qui paraît, lui disant « qu'un jaloux est un monstre, que toutes les serrures et les verrous ne retiennent pas les personnes, et que c'est le cœur qu'il faut arrêter par la douceur et la complaisance. »

Don Pèdre, désappointé, va, dans sa colère, demander justice à un sénateur, lequel ne lui répond que par une invitation à voir une mascarade « de gens vêtus en Maures, qui dansent admirablement, et que l'on va répéter, pour en donner le divertissement au peuple. »

DON PÈDRE.

La peste soit du fou, avec sa mascarade!

LE SÉNATEUR.

Diantre soit le fâcheux, avec son affaire!

Et la pièce finit par un ballet de plusieurs danseurs vêtus en Maures, comme dit le sénateur, et comme l'indique l'en-tête de la scène XXII et dernière.

Voici donc, malgré l'insuffisance de ce résumé, dépouillé de toutes les grâces dont Molière a su l'embellir, l'existence du *Sicilien* reconnue, et nous pouvons aborder en sécurité l'histoire de sa vie théâtrale.

De toutes les pièces de Molière qui portent le titre de comédie-ballet, il en est peu dont le sujet soit aussi favorable aux divertissements, et dans lesquelles le chant et la danse soient mieux motivés et plus naturellement amenés que dans *le Sicilien, ou l'Amour peintre*. C'est dans le *Ballet des Muses*, œuvre de Benserade, qui avait pour sujet « la réunion des neuf Sœurs venant rendre hommage au plus grand Roi du monde, » que parut pour la première fois *le Sicilien*, par quoi Molière personnifiait Thalie, la muse de la comédie (1).

Le livret de ce ballet raconte ainsi l'origine du *Sicilien*, et comment il y fut introduit comme quatorzième et dernière entrée où figurait le Roi. « Après tant de nations différentes, que les muses ont fait paraître dans les assemblages divers dont elles avaient composé le divertissement qu'elles donnent au Roi, il manquait à faire voir des Turcs et des Maures; et c'est ce qu'elles s'avisent de faire dans cette dernière entrée, où elles mêlent une petite comédie, « (*le Sicilien!*) » pour donner lieu aux beautés de la musique et de la danse (2). »

L'idée première, le principal but du *Sicilien*, était donc de montrer au Roi, qui en avait témoigné le désir, des entrées de Turcs et de Maures.

Molière continuait, par cette œuvre aimable et légère, fine et originale, ce genre de pièces mêlées de divertissements qui commence aux *Fâcheux*, première comédie-ballet dédiée au Roi, et finit, avec lui, par *le Malade imaginaire*.

Molière dit lui-même, dans l'Avertissement mis en tête des *Fâcheux*, ouvrage écrit et répété en quinze jours : « Jamais entreprise au théâtre ne fut si précipitée que celle-ci... On trouvera peut-être quelques endroits du ballet qui n'entrent pas dans la comédie aussi naturellement que

(1) Molière avait d'abord écrit pour ce ballet, les deux premiers actes de *Mélicerte, pastorale héroïque;* le départ du jeune Baron, qui remplissait le rôle de Myrtil, ayant interrompu les représentations, Molière s'en dégoûta et la laissa inachevée. Il en fut de même pour la *Pastorale comique*, écrite dans le même but et dont on n'a conservé que le scenario.

(2) L'argument du *Ballet des Muses* commence ainsi : « Les Muses, charmées de la glorieuse réputation de notre monarque et du soin que Sa Majesté prend de faire fleurir tous les arts dans l'étendue de son empire, quittent le Parnasse pour venir à sa cour. Mnémosine qui, dans les grandes images qu'elle conserve de l'antiquité, ne trouve rien d'égal à cet auguste prince, prend l'occasion du voyage de ses filles pour contenter le juste désir qu'elle a de le voir, et, lorsqu'elles arrivent ici, fait avec elles l'ouverture du théâtre par le dialogue qui suit... »

d'autres; quoi qu'il en soit, c'est un mélange qui est nouveau pour nos théâtres, et dont on pourrait chercher quelques autorités dans l'antiquité; et, comme tout le monde l'a trouvé agréable, il peut servir d'idée à d'autres choses qui pourraient être méditées avec plus de loisir. » On doit à cette heureuse idée : *les Fâcheux,* 1661 ; *le Mariage forcé,* 1664; *la Princesse d'Élide,* 1664; *l'Amour médecin,* 1665; *Mélicerte,* et *la Pastorale comique,* 1667; *le Sicilien, ou l'Amour peintre,* 1667; *Georges Dandin,* 1668; *Monsieur de Pourceaugnac,* 1669; *les Amants magnifiques,* 1670; *le Bourgeois gentilhomme,* 1670; *Psyché,* 1671; *le Malade imaginaire,* 1673; toutes pièces composées dans le but de servir aux fêtes de la cour, et de répondre à la fois au goût prononcé du Roi pour le ballet, pour cet art qu'il encouragea toujours, et qu'il se plut à pratiquer lui-même pendant toute une partie de son règne (1).

Saint-Simon dit en parlant du Roi : « Il avait toujours aimé la danse, et son éducation, qui en général avait été fort négligée, sur ce point ne laissait rien à désirer. » En effet, dès l'âge de treize ans, en 1651, le jeune Roi figure dans le ballet de *Cassandre;* dans la même année, le deuxième jour de mai, il représente Apollon-Soleil dans le ballet des *Fêtes de Bacchus,* donné au Palais-Royal, et ne cesse de prendre part à ce genre de divertissement qu'en 1670. Aussi le voit-on figurer dans le *Ballet des Muses* et dans la mascarade qui termine la pièce du *Sicilien.* La *Gazette* du 4 décembre 1666, dit à ce sujet :

« La quatrième entrée pour Euterpe est composée de bergers et de bergères, et Sa Majesté, pour s'y délasser en quelques façons de ses travaux continuels pour l'État, y représente l'un des pasteurs (2). » Le Roi

(1) Les statuts de l'Académie de danse fondée par Louis XIV, en 1661, portent que : « Le Roi, voyant avec dépit que la plus grande partie des gens de qualité étoient peu capables d'entrer dans ses ballets, à quoi étoit nécessaire de pourvoir, et désirant rétablir l'art dans sa perfection; il avoit jugé à propos d'établir dans sa bonne ville de Paris une *Académie de danse*, composée des treize danseurs les plus expérimentés. »

(2) « ... Mais ce qui prouve encore plus l'attachement et la prédilection que Sa

reparaissait dans la huitième entrée de trois amants et de trois amantes, où il représentait Cyrus ; puis, dans la dernière entrée, remplissait le rôle de l'*une des nymphes,* juges du combat entre les neuf Muses et les filles de Piérus, singulier travestissement qu'autorisait l'usage ; enfin, il figure dans la mascarade du *Sicilien,* dont le livret donne ainsi le détail :

Maures de qualité :

LE ROY, LES MARQUIS DE VILLEROY ET DE RASSAN.

Mauresques de qualité :

MADAME (1), Mlle DE LA VALLIÈRE, Mmes DE ROCHEFORT ET DE BRANCAS.

Cette représentation eut lieu au château de Saint-Germain en Laye, les quatorzième et quinzième jours de février 1667. Mais *le Sicilien* ne fut donné à Paris que trois mois plus tard, le 10 juin de la même année, retardé par une grave indisposition de Molière.

C'est dans cette salle du Palais-Royal, où l'on applaudissait chaque soir *l'Étourdi, les Précieuses ridicules, le Dépit amoureux, le Médecin malgré lui, Sganarelle,* que paraît à son tour *le Sicilien,* joué par la troupe de Molière, autrement *la Troupe du Roi au Palais-Royal* (2).

Majesté avoit pour la danse, c'est que, malgré les pénibles travaux qui occupoient continuellement ce *grand conquérant,* il n'a pas laissé de s'en dérober quelques heures, pendant plus de vingt à vingt-deux ans que M. de Beauchamp a eu l'honneur de le conduire dans ce noble exercice. » (Le *Maître à danser,* par le sieur Rameau, maître à danser des pages de Sa Majesté catholique la reine d'Espagne. *Paris,* chez Rollin fils, 1718.)

(1) « Madame se meurt, Madame est morte ! » (30 juin 1670.)

(2) « La troupe alla à Saint-Germain en Laye, le 14 août 1665. Le Roi dit au sieur Molière qu'il vouloit que sa troupe dorénavant lui appartînt, et la demanda à Monsieur, frère du Roi, à qui elle s'étoit donnée dès son arrivée à Paris (1658). Sa Majesté accorda en même temps 6,000 livres de pension à la troupe, qui prit congé de Monsieur, lui demanda la continuation de sa protection, et prit le titre de : Troupe du Roi au Palais-Royal. » (*Registre de La Grange.*)

Les renseignements qui précèdent nous ont fait connaître les origines du *Sicilien;* ceux qui suivent, en nous racontant les mœurs de la comédie de ce temps-là, sur ce théâtre qu'on nomme encore aujourd'hui *la Maison de Molière,* pourront nous aider à reconstruire une représentation du *Sicilien* en 1667.

PREMIÈRE PARTIE.

AVANT ET PENDANT LA REPRÉSENTATION.

AVANT ET PENDANT LA REPRÉSENTATION.

Si nous voulons revoir en esprit notre exécution du *Sicilien* au temps de Molière, nous devons nous demander comment se réglaient alors ces détails, ces accessoires qui sont comme le cadre et le milieu de toute œuvre scénique : salle et scène, affiches, décors, costumes, jeux de scène, musique et danse, toutes choses si profondément modifiées aujourd'hui, mais dont la restitution exacte, d'après les documents de l'époque, peut seule nous rendre la physionomie vraie de notre représentation rétrospective, si naturellement terminée par la musique contemporaine de Lulli.

L'AFFICHE ET LES ACTEURS, LA SALLE ET LA SCÈNE.

L'*affiche,* ou, comme on disait alors, le *placard,* annonce, pour ce vendredi 10 juin 1667, *Attila*, tragédie du sieur de Corneille l'aîné, et pour la première fois, *le Sicilien, ou l'Amour peintre,* comédie de M. de Molière (1).

Les noms des acteurs et leurs rôles, que l'affiche (2) ne donnait pas encore à cette époque, sont annoncés au public par l'orateur de la troupe; ce sont, pour ce jour-là :

Les sieurs	Molière,	Don Pèdre, gentilhomme sicilien.
—	La Grange,	Adraste, gentilhomme français.
—	La Thorillière,	Hali, Turc, esclave d'Adraste.
—	Du Croisy,	Magistrat sicilien.
Mlles	De Brie,	Isidore, esclave grecque.
	Molière,	Zaïde (3), esclave.

La *salle,* située dans le Palais-Royal, à l'angle de la rue de Valois, alors une impasse par laquelle on entrait au théâtre, est celle construite par Richelieu pour la représentation de *Mirame,* et accordée par le Roi à Molière lors de sa sortie forcée du théâtre du Petit-Bourbon (4). C'est, d'après Sauval, « une salle quarrée-longue, défigurée (*sic*) par deux balcons dorés posés l'un sur l'autre de chaque côté; le reste (le parterre) composé de vingt-sept gradins de pierre qui montent mollement et insensiblement; couronnée d'un plat-fonds en perspective, où Lemaire a feint une longue ordonnance de colonnes corynthiennes. »

(1) Les représentations avaient lieu, en ce temps-là, les vendredi, dimanche et mardi.

(2) Affiches rouges et noires et afficheurs, 8 l. 4 s. (*Mémoires de La Grange.*)

(3) Le livret du *Ballet des Muses,* qui donne le canevas ou scenario du *Sicilien,* porte aussi le nom de *Zaïde,* quoique dans les premières éditions il soit remplacé par celui de *Climène.* Ce livret abrégé et insuffisant du *Sicilien* fut remplacé, à la fin de la même année 1667, par une première édition de la pièce entière, avec le titre suivant : *Le Sicilien, ou l'Amour peintre,* comédie-ballet, par J. B. P. de Molière, à Paris, chez Jean Ribou, au Palais-Royal, vis-à-vis la porte de la Sainte-Chapelle, à l'image Saint-Louis, avec privilège du Roi; achevé d'imprimer pour la première fois, le neuvième jour de novembre 1667.

(4) Démoli pour la construction de la colonnade du Louvre.

Appropriée par Molière aux genres de pièces qu'il représentait (1), cette salle, dit La Grange, peut contenir un millier de spectateurs; premières loges à 3 livres, loges hautes à 1 livre 10 sols, parterre à 15 sols, à moins que le prix des places ne soit doublé ce jour-là, comme on le faisait souvent quand on donnait une nouvelle pièce, ce qu'on nommait *jouer au double*. Le parterre est debout, et par cela même exigeant, remuant et jugeur; gens que l'ami du marquis de la *Critique* apostrophe par son « Ris donc, parterre, ris donc ! » et que Dorante défend, en répondant au marquis « que la différence du demi-louis d'or et de la pièce de 15 sols ne fait rien du tout au bon goût. »

Des lustres à grosses bougies, descendant du cintre au-dessus de l'avant-scène, tiennent lieu de rampe et éclairent à la fois, comme on peut le supposer, la décoration et le fond du théâtre par lequel entrent les acteurs.

L'heure du spectacle est indiquée pour deux heures, d'après un ancien usage (ordonnance du Roi de 1609); mais, en réalité, on ne commence plus qu'entre quatre et cinq heures, pour pouvoir finir à sept. Ce retard amené progressivement avait pour cause l'heure des vêpres et «le dîner du Roy,» fixé à midi, auquel les courtisans voulaient pouvoir assister et dîner eux-mêmes après. Selon l'usage, on attend pour commencer que la salle soit remplie, et les douze violons placés dans leur loge grillée, au fond de la salle, attendent aussi que de la scène on leur crie : Jouez (2) !

La *scène* est obstruée sur les deux côtés par des banquettes à un demi-louis d'or la place, occupées par les gens du bel air, cordons-bleus,

(1) « La troupe commença, quelques jours après, à faire travailler au théâtre, et demanda au Roi le don et la permission de faire emporter les loges du Bourbon, et autres choses nécessaires pour leur nouvel établissement. La troupe y débuta le 20 janvier 1661. » (*Mémoires de La Grange*.)

(2) On cherchait déjà, à cette époque, la place la plus convenable pour l'orchestre; car on le voit tantôt dans une loge de côté grillée, tantôt devant la scène, à l'endroit qu'il occupe aujourd'hui.

marquis, magistrats, mais aussi par des gens de lettres et des poètes : ceux-ci, pour ne pas payer; ceux-là, pour se faire voir. Madame de Sévigné écrit à sa fille (15 janvier 1672), en parlant de la tragédie de *Bajazet:* « Tout le bel air était sur le théâtre : le marquis de Villeroy avait un habit de bal, le comte de Guiche ceinturé comme son esprit, tout le reste en bandits. »

Néanmoins, malgré l'étrangeté et la pauvreté de ces ressources théâtrales, qui nous sembleraient aujourd'hui si insuffisantes, Molière devait y trouver un progrès bien réel au souvenir des diverses scènes qui avaient servi à ses débuts; ce n'était ni le *Jeu de paume de la Croix Blanche, rue de Bussy,* où il dirigeait l'*Illustre théâtre* (1), ni les tréteaux sur lesquels il jouait le plus souvent dans ses représentations en province (2), qui eussent pu le rendre bien exigeant. Il dut déjà se trouver plus à l'aise lorsqu'il occupa, comme nous le disions plus haut, en partage avec les Italiens, la salle du Petit-Bourbon, située le long de la Seine, *entre le vieux Louvre et le cloître Saint-Germain-l'Auxerrois;* mais sa véritable installation, celle où il fut sans contredit le mieux servi, fut cette *salle du Palais-Royal,* restaurée par ordre du Roi pour lui et sa troupe, et qu'il ne quitta plus jusqu'à cette fatale soirée du 17 février 1673, où, pris de convulsions dans la dernière scène du *Malade imaginaire,* il fut transporté mourant chez lui. Fin digne de cette âme élevée, de ce cœur généreux, qui répondait aux instances de ses amis pour qu'il ne jouât pas ce jour-là : « Je ne veux pas avoir à me reprocher d'avoir fait perdre leur journée à cinquante pauvres ouvriers qui n'ont que cela pour vivre. »

(1) Dans cette troupe, composée en partie de ses amis, figuraient déjà : Duparc, dit *Gros René,* les deux Béjart, et Mlle Béjart.

(2) De 1646 à 1653, ce qui n'empêchait pas qu'il illustrât sa troupe par *l'Étourdi* et *le Dépit amoureux.* C'est à Rouen, vers la fin des fêtes de Pâques de 1658, après un séjour de six mois, que Molière donna ses dernières représentations de province et qu'il obtint, par la protection du prince de Conti, son ancien condisciple, l'honneur de jouer à Paris devant le Roi, dans la salle des gardes, au vieux Louvre.

LES DÉCORS.

Ce que nous disons du peu d'importance donné alors aux emménagements du théâtre s'applique également aux *décors*. On en est encore à savoir si le *Sicilien* se jouait avec une seule décoration, ou si l'on en changeait selon le sujet de la scène. Cette question, qui se rattache au système général adopté à cette époque, a été diversement jugée et demande quelques explications. Si la richesse des décorations, l'intérêt des vols, des descentes des dieux dans leurs machines, étaient un des grands attraits des opéras de Lulli et de ses contemporains, par contre, la tragédie et la comédie en étaient restées à l'enfance de l'art du décor et à la plus insuffisante simplicité.

Nous lisons, dans un manuscrit du temps (1), que la plupart des tragédies n'avaient pour décor que ce que ce manuscrit nomme « un palais à volonté ; » que les cinq actes du *Cid* se passaient « dans une chambre à quatre portes; » que, pour *l'École des femmes,* « le théâtre est, deux maisons sur le devant, et le reste une place de ville. »

Cependant, il n'en était pas toujours ainsi, et plusieurs pièces du même temps sont plus généreusement traitées. Pour *Don Juan*, ce mémoire signale plusieurs changements de décors : « Au premier acte, un palais; au second acte, une chambre, une mer; au quatrième acte, une chambre, un festin; au cinquième acte, le tombeau paraît : il faut une trappe, deux fauteuils, un tabouret. » De même pour *le Malade imaginaire,* « il faut changer le théâtre au premier intermède, et la chambre reparaît comme l'on a commencé. »

(1) Mémoire de plusieurs décorations qui servent aux pièces contenues en ce présent livre, commencé par Laurent Machelot, et continué par Michel Laurent, en l'année 1673. (*Eug. Despois.*)

Il faut espérer que *le Sicilien* était classé parmi les pièces favorisées; car, si les premières éditions portent pour seule indication : « La scène est à Messine, dans une place publique, » la situation et le dialogue suffisent à indiquer les changements de décors, et ce qui doit être joué dehors ou à l'intérieur, dans la rue, ou dans un salon.

Le théâtre représente donc, au début de la pièce, une place publique, avec la maison de Don Pèdre à droite, devant laquelle a lieu la sérénade, et où se passent les scènes suivantes : scènes de nuit, comme l'indique Hali par ces deux phrases : « Il fait noir, ici, comme dans un four; » et plus loin : « Et qui pourrait-ce être que moi, à ces heures de nuit ? » jusqu'à la scène VI, entre Adraste et lui, où il dit : « Le jour paraît, je vais chercher mes gens. » Mais, à dater de la scène X, nul doute que la décoration ne doive changer et représenter un intérieur, puisque Don Pèdre dit Adraste : « Que cherchez-vous, cavalier, dans cette maison ? » et plus tard, à la scène XII, lorsque Hali, vêtu en Espagnol, vient lui demander conseil sur le soufflet qu'ils ont échangé dans la scène de nuit : « Que veut cet homme-là? et qui laisse *monter les gens* sans venir nous en avertir? » et, mieux encore, cette observation décisive d'Adraste, plaçant Isidore dans la scène du portrait et disant : « Voici le lieu le plus avantageux, et qui reçoit le mieux les vues favorables de la lumière que nous cherchons. » Puis on reprend la première décoration de place publique à la scène treizième et dernière, lorsque Don Pèdre vient demander justice à un sénateur.

On peut encore ajouter ici, pour appuyer cette opinion, le détail de la gravure que nous avons reproduite page 15, et qui est celle de l'édition de Denis Thierry, de 1682, publiée quatorze ans seulement après la première représentation du *Sicilien.* Cette gravure, très naïvement exécutée, représente un salon; dans le fond, à gauche, Don Pèdre et Hali causent ensemble; le premier semble mettre dehors Hali, et, en le reconduisant, tourne le dos à la scène. Adraste, à genoux devant Isidore assise, parait lui dire : « Oui, charmante Isidore, mes regards vous le disent depuis plus de deux mois ; » ou bien : « Je regardais ce petit trou qu'elle a à côté du menton; je croyais d'abord que ce fût une tache. » Toutes les éditions modernes, depuis celle des libraires associés de 1789 avec les commentaires de Bret, jusqu'aux dernières éditions d'Aimé-Martin et de Louis Moland, s'accordent sur la nécessité d'un décor d'intérieur pour la moitié de la pièce.

Nous avons insisté sur cette question du changement de décor, pour répondre à l'opinion contraire, soutenue par des gens compétents, et basée sur les habitudes de simplicité du théâtre et des acteurs à cette époque. Le mieux est d'avouer que, s'ils agissaient ainsi, c'est qu'ils ne pouvaient pas faire autrement, et que nous avons toutes raisons d'appliquer au *Sicilien* les progrès que le temps a amenés.

LES COSTUMES.

Pour le *costume* pas plus que pour le décor, on ne se préoccupait ni de vérité historique, ni de ce que nous nommons aujourd'hui couleur locale; et le même costume servait, le plus souvent, dans plusieurs rôles différents, sans souci des convenances de lieu ou d'époque.

A vrai dire, tout commençait; le théâtre s'affranchissait à peine des habitudes du masque, sous lequel Molière lui-même avait joué le rôle de Sganarelle et celui de Mascarille dans *les Précieuses ridicules,* comme on le voit par le frontispice de l'édition princeps de 1666. La tragédie et l'opéra se jouaient en robe traînante, taille longue et busquée, les bras chargés de dentelles et la tête coiffée d'un cimier en forme de pain de sucre, d'où tombait un long voile. Les héros portaient un casque chargé de plumes, avec la grande perruque.

La comédie, plus sérieuse et plus modeste, empruntait, en général, ses costumes à la comédie italienne, tels que Watteau, et, avant lui,

Molière, dans les rôles de Mascarille et de Sganarelle; d'après Chauveau.
Frontispice du 1er volume de l'édition princeps.
(Paris, Gabriel Quinet, 2 vol. in-12, 1666.)

Gillot nous les ont fait connaître; cependant, c'était le plus souvent à la seule fantaisie qu'on obéissait, et les Turcs et les Maures du *Sicilien* devaient être costumés de façon singulière, à en juger par le peu qu'on savait sur le pays qu'on nommait encore alors *le Turc;* mais, si l'on n'a pas de renseignements exacts sur l'ensemble des costumes du

Molière et mademoiselle Molière, dans les rôle d'Arnolphe et d'Agnès, de *l'École des Femmes,* couronnés par Thalie; d'après Chauveau.
Frontispice du IIe volume de l'édition princeps de 1666.

Sicilien, on en a, du moins, dans le détail et au complet, sur les deux plus importants.

L'inventaire fait après la mort de Molière, et que nous a transmis le livre d'Eudore Soulié (1), signale parmi ses divers habits de ville et de théâtre, celui qu'il portait dans le rôle de Don Pèdre, y compris les accessoires indiqués dans la scène cinquième, ainsi que celui de Mlle Molière, sa femme, dans le rôle de Zaïde.

Nous copions textuellement :

Item : un habit de Sicilien; les chausses et manteau de satin violet, avec une broderie d'or et argent doublé de tabis vert, et le jupon de moire d'or à manches de toile d'argent, garni de broderies d'argent, et un bonnet de nuit, une perruque et une épée.
Prisé : soixante-quinze livres.
Ci : LXXV.

Pour Mlle Molière, rôle de Zaïde, jeune esclave :

Item : une jupe de camelot gauffré violet, un juste-au-corps de moire d'argent fin, une robe de l'Arménienne de toile rouge, une chemise sultane, jaune.
Prisé le tout ensemble : huit livres.
Ci : VIII.

On lit dans une lettre de Robinet, au sujet des costumes d'Isidore et de Zaïde :

Surtout on y voit deux esclaves
Qui peuvent donner des entraves;
Deux Grecques qui, Grecques en tout,
Peuvent pousser cent cœurs à bout,
Comme étant tout à fait charmantes,
Et dont enfin les riches mantes
Valent bien de l'argent, ma foi ;
Ce sont aussi présents du Roi.

La gravure qui accompagne l'édition de 1682, que nous avons déjà citée en parlant du décor, peut aussi nous servir à compléter nos ren-

(1) *Recherches sur Molière et sur sa famille.* (Paris, Hachette, 1863.)

seignements sur les costumes d'Adraste et d'Isidore : le premier est en costume de gentilhomme, habit à longues basques, nœud de rubans sur l'épaule droite; Isidore, assise, porte une robe de dessous à fleurs, double jupe, long corsage à gaîne, cheveux frisés à la Sévigné.

LES JEUX DE SCÈNE.

Toutes les éditions de Molière, depuis les premières imprimées de son vivant et avec son autorisation, jusqu'aux plus modernes, accompagnent le texte de nombreuses indications sur les divers *jeux de scène* de chaque pièce ; nous donnons donc ici, seulement pour mémoire et afin de compléter l'ensemble de notre tableau rétrospectif, celles que l'on trouve réunies dans la préface de la petite édition publiée en 1668 à Paris, chez Nicolas Pepingué, à la grand'salle du Palais (1).

Dans la *scène troisième :* Adraste entre du côté gauche, précédé de flambeaux que portent ses deux laquais, dont l'un se met à droite et l'autre à gauche du théâtre.

Scène huitième : Hali fait plusieurs révérences, tantôt vers Don Pèdre et tantôt près d'Isidore, faisant à celle-ci des signes pour lui faire comprendre le dessein de son maître, et se tournant vers elle toutes les fois qu'il dit : « Avec la permission de la signora. »

Dans la *scène douzième,* lorsqu'Adraste vient, à la place du peintre Damon, pour faire le portrait d'Isidore, la figure est peinte d'avance sur

(1) On compte dans la *Bibliothèque Moliéresque,* par Paul Lacroix (bibliophile Jacob), deux cent trente et une éditions françaises et étrangères des œuvres complètes de Molière. Nous citerons parmi les plus importantes : *Les Œuvres de M. de Molière, Paris, J. Ribou, de* 1663 *à* 1670, 4 *vol. in*-12 ; la première parue faisant corps d'ouvrage, mais incomplète et refondue dans celle de 1673, dont Molière avait lui-même préparé le texte, qu'il faisait imprimer à ses frais chez Denis Thierry, au moment de

le châssis, et recouverte de blanc qu'Adraste efface à mesure, ce qui lui donne l'air de peindre lui-même, procédé encore suivi de nos jours.

L'observation la plus importante s'applique à la *scène neuvième,* dans laquelle le soi-disant esclave turc chantant adresse d'abord à Isidore le premier couplet, pour lui faire comprendre la passion de son maître, puis, se tournant promptement vers Don Pèdre, lui chante un autre couplet dans sa langue, afin de détourner son attention et de tromper sa jalousie ; tout cela entremêlé de danses d'esclaves turcs.

Hali, le faux Turc, chante donc à Don Pèdre un couplet dans sa langue; mais quoiqu'il affirme qu'il est bon Turc, « star bon Turca, » il est bon de s'en assurer, d'autant que cette question se rattache à tout un ensemble de faits analogues, où l'on pourrait trouver, en pendant au *Molière musicien,* les éléments d'un *Molière polyglotte.*

MOLIÈRE POLYGLOTTE.

Sur les trente-deux comédies de Molière en prose ou en vers, si l'on omet les deux farces en un acte de la *Jalousie du barbouillé* et du *Médecin volant,* treize d'entre elles sont accompagnées de divertissements parlés ou chantés, en italien, espagnol, turc, latin, patois provinciaux et langage paysanesque. La plupart, écrits de la main même du maître, égalent en inventions et en entraînement comique ses pages les plus originales.

sa mort, et que sa veuve confia à Claude Barbin : *Œuvres de monsieur Molière; Paris, Claude Barbin,* 1673, 7 *vol. in*-12 ; enfin, celle dite de La Grange, 1682 : *Les Œuvres de monsieur de Molière revues, corrigées et augmentées* (*par Vinot et La Grange*), *enrichies de figures en taille-douce* (*gravées par Sauvé*), *d'après P. Brissart; Paris, Denis Thierry, Claude Barbin et Pierre Tabouillet,* 1682, 8 *vol. in*-12.

Ce n'est pas le Molière du *Misanthrope;* mais avec lui rien n'est à négliger, et il est bon d'éclairer tous les coins du tableau.

Ainsi, ce couplet qu'Hali chante à Don Pèdre n'est pas seulement une plaisanterie, un faux semblant de turc, mais il est réellement écrit en langue franque ou langue sabir, mélange d'italien et plus encore d'espagnol, sorte de patois marseillais adopté dans les échelles du Levant, parlé sur tout le littoral algérien par les esclaves et les corsaires, et dont Cervantes devait se servir, lorsqu'il racontait ses charmantes nouvelles à ses compagnons de captivité.

On peut le traduire ainsi :

Chiribirida ouch alla,	Chiribirida ouch alla,
Star bon Turca,	Je suis bon Turc,
Non aver danara :	Je n'ai point d'argent :
Ti voler comprara?	Voulez-vous m'acheter?
Mi servir a ti,	Je vous servirai,
Si pagar per mi.	Si vous payez pour moi.
Far bona cuccina,	Je ferai bonne cuisine,
Mi levar matina,	Je me lèverai matin,
Far boller caldara.	Je ferai bouillir la marmite.
Parlara, parlara,	Parlez, parlez,
Ti voler comprara?	Voulez-vous m'acheter?

Et quand Don Pèdre découvre la fraude d'Hali et veut le chasser de la maison, il lui chante dans la même langue et sur le même air :

Chiribirida ouch alla,	Chiribirida ouch alla,
Mi ti non comprara,	Je ne t'achèterai pas,
Ma ti bastonara,	Mais je te bâtonnerai,
Si ti non andara.	Si tu ne t'en vas pas.
Andara, andara,	Va-t'en, va-t'en,
O ti bastonara!	Ou je te bâtonnerai!

Molière l'observateur, le poète comique, ne devait pas plus négliger, dans son œuvre, le côté plaisant que la partie sérieuse; il avait d'ailleurs sous la main, comme contemporains ou amis, trois orientalistes voyageurs : Bernier, son ancien condisciple, Galland, le traducteur des *Mille et une Nuits*, et le chevalier d'Arvieux, qui pouvaient à la fois lui fournir la matière et éclairer ses incertitudes.

Ce que nous disons du turc du *Sicilien* s'applique à celui du *Bourgeois gentilhomme* (1), et Covielle, en traduisant pour M. Jourdain *mamamouchi* par *paladin*, nous indique comment nous devons nous-mêmes comprendre et traduire tout le reste. Cependant quelques mots réellement turcs percent çà et là dans la pièce, et, se joignant au déguisement général, suffisent à l'illusion (2).

Cette vérité acquise sur le turc de Molière ne laisserait que le regret de détruire une amusante illusion, si cela ne servait à prouver une fois de plus la supériorité de l'imagination sur la réalité. Molière, en inventant cette langue macaronique, savait fort bien que son faux turc serait plus amusant que le vrai ; qu'au théâtre, le réel seul est toujours insuffisant, et que la fiction décorative fera toujours meilleur effet que l'objet lui-même ; qu'un vrai avare, un vrai George Dandin, ne seraient qu'ennuyeux, à peine bons à faire pitié; et que, d'après le même principe, il ne resterait plus qu'à faire arrêter Sbrigani, Nérine et Scapin, comme d'audacieux filous trompant d'honnêtes bourgeois de province.

Viennent maintenant les deux concerts espagnols. Le premier se trouve dans *le Mariage forcé*, sa première comédie-ballet.

(1) On lit dans les Mémoires du chevalier d'Arvieux, publiés par le père Labat : « Sa Majesté m'ordonna de me joindre à MM. de Molière et de Lulli, pour composer une pièce de théâtre où l'on pût faire entrer quelque chose des habillements et des manières des Turcs. L'arrivée de l'ambassadeur turc à Paris étoit alors toute récente. Je me rendis pour cet effet au village d'Auteuil, où M. de Molière avoit une maison fort jolie. Ce fut là que nous travaillâmes à cette pièce de théâtre que l'on voit dans les œuvres de Molière, sous le titre du *Bourgeois gentilhomme*. »

(2) *Alli, Alla,* pour *Allah:* Dieu ; *Alla eckber :* Dieu est grand. — *Salamalequi,* pour *salam aleiqui :* que le salut soit sur ta tête. — *Acciam,* pour *atchem :* mon argent. — *Gidelum,* pour *Guidelum :* allons-nous-en, partons. — *Bel men,* pour *Bil men :* je ne sais pas. — *Joc,* pour *yoc :* non. — *Hon,* mot arabe : Dieu.

UN ESPAGNOL.

Ciego me tienes, Belisa;
Mas bien tus rigores veo;
. . . .

Le second fait partie du *Ballet des Nations,* qui termine la pièce du *Bourgeois gentilhomme.*

PREMIER ESPAGNOL.

Sé que me muero de amor,
Y solicito el dolor.
. . . .

Puis vient l'*italien,* dans *Monsieur de Pourceaugnac,* avec les deux médecins grotesques chantants, cette désopilante consultation médico-musicale à l'adresse de toutes les mélancolies présentes et futures :

Buon dì, buon dì, buon dì,
Non vi lasciate uccidere
Dal dolor malinconico,
. . . .

suivie de la pantomime expressive et insinuante des matassins :

Piglialo sù,
Signor monsu;
Piglialo, piglialo, piglialo sù,
Che non ti farà male.

C'est encore en italien que, dans le premier intermède de *Psyché,* des *femmes désolées* et des *hommes affligés,* chantants et dansants, viennent déplorer sa disgrâce dans le désert où elle est exposée pour obéir à l'oracle:

Deh! piangete al pianto mio,
Sassi duri, antiche selve;
Lagrimate, fonti, e belve,
D'un bel volto il fato rio.

C'est enfin l'italien qui, dans le *Malade imaginaire*, comme contraste à ses douleurs et à ses plaintes, fait les frais de ce plaisant intermède, de cette nuit d'amour, où Polichinelle avec son faux luth donne une sérénade à une vieille inexorable, à sa fenêtre :

> Nott' e dì, v'am' e v'adoro;
> Cerc' un sì per mio ristoro;
> Ma se voi dite di nò,
> Bell' ingrata, io morirò;

sorte de Don Juan, travesti à la Scarron, et dont le comique est tout dans l'application des sentiments tendres à deux personnages auxquels ils s'appliquent le moins.

Don Juan et *le Médecin malgré lui* nous montrent comment Molière faisait parler ses paysans, le premier par Charlotte, et Pierrot racontant dans son jargon paysanesque comment il a sauvé Don Juan :

PIERROT.

Aga, quien Charlotte, je m'en vas te conter tout fin drait comme cela est venu, car, comme dit l'autre, je les ai le premier avisés, avisés le premier je les ai ;

le second, par Lucas et Jacqueline, *la belle nourrice*, donnant ses conseils à Géronte sur le mari qu'il faut à sa fille :

JACQUELINE.

Par ma fi, Monsieur, ceti-ci fera justement ce qu'ant fait les autres. Je pense que ce sera queuci-queumi; et la meilleure médeçaine que l'an pourrait bailler à votre fille ce serait, selon moi, un biau et bon mari, pour qui alle eût de l'amiquié.

Et, dans le *Bourgeois gentilhomme*, madame Jourdain ne donne-t-elle pas la meilleure preuve de son origine campagnarde, quand elle répond aux séduisantes invitations de Dorante : « Oui, vraiment, nous avons fort envie de rire; fort envie de rire nous avons. »

Dans *Monsieur de Pourceaugnac*, Molière s'attaque aux *patois provinciaux*, souvenirs des anciennes mœurs françaises, le *languedocien* et le *picard*, représentés par Lucette et Nérine :

NÉRINE.

Oui, medéme, et je sis sa femme.

LUCETTE.

Aquo es faus, aquos yeu que soun sa fenno;
. . . .
Tout Pézénas a bist nostre mariatge.

NÉRINE.

Tout Chin-Quentin a assisté à nos noches.

« Voilà deux impudentes carognes, » répond Pourceaugnac; et la dispute continue toujours croissante entre les deux fausses Arianes, jusqu'à la fin de la scène où, « rengrégement de mal, » comme dit l'avare, toute la bande des enfants supposés, garçons et filles, *Françon* et *Jeannet*, entoure et assaille aux cris de : Papa ! papa ! la malheureuse victime du perfide Sbrigani. Scène d'irrésistible gaieté toute remplie de ce rire franc et vrai, don précieux accordé à ces grands *tristes*, à ces grands philosophes, pour égayer la pauvre humanité et la distraire d'elle-même (1). Pour rendre justice à chacun, il faut dire que Molière le philosophe, avait trouvé dans Baptiste, dans l'illustre bouffe florentin, un collabora-

(1) Un jour, Philippe III voyait de son palais un étudiant qui, sur le bord du Mançanarès, lisait un livre et interrompait souvent sa lecture en se frappant le front et faisait souvent des mouvements extraordinaires de plaisir et de joie : « Cet étudiant, dit-il, est fou, ou il lit *Don Quichotte*. »

teur digne de lui quand il s'agissait de faire rire le parterre, et, à plus forte raison, comme il le dit lui-même, les *honnêtes gens*. C'est ici la farce italienne pur sang, la folie à outrance avec cabrioles à la Callot, inventée et menée à fond par il signor facchino Lulli en personne, à ce point, dit-on, que remplaçant un soir, dans le rôle de Pourceaugnac, Molière malade, et poursuivi par les matassins, il sautait jusque dans l'orchestre, au risque de se rompre le col, en défonçant le clavecin : témérité de courtisan bravant la mort pour faire rire son roi.

Faut-il parler des faux Suisses de *l'Étourdi* et de *Pourceaugnac,* de l'*adiusias* du faux Basque dans Scapin, des deux Gascons du *Ballet des Nations?*

Mais c'est au *latin* que Molière a eu le plus souvent recours, latin plus ou moins vrai, mais par cela même toujours amusant, par exemple : le *Vivat Mascarillus fourbum imperator,* dans *l'Étourdi;* le *syllogisme in balordo* du docteur Pancrace, et le *magister* du pédant Métaphraste; le latin grotesque du fagotier qui fait répondre à Géronte, comme le dira plus tard le bourgeois-gentilhomme : « Ah ! que n'ai-je étudié! » sans oublier le latin de M. Bobinet dans *la Comtesse d'Escarbagnas;* mais, par-dessus tout, celui du *Malade imaginaire*, dernière comédie-ballet dans laquelle Molière a marié plus fortement que jamais la sagesse à la folie, le rire à la philosophie. C'est naturellement la pièce la plus latinisée de toutes, puisqu'elle s'adresse « à ces personnes vénérables, au corps des médecins et des apothicaires; » depuis le latin du jeune Thomas, « frais émoulu du collège, » et contre lequel Angélique aura beau raisonner : « *Distinguo*, mademoiselle : dans ce qui ne regarde point la possession, *concedo;* mais dans ce qui la regarde, *nego;* » jusqu'à Toinette, qui, travestie en médecin, dit aussi son mot latin, « *ignorantus, ignoranta, ignorantum.* »

C'est dans la cérémonie (1), dans cette cérémonie burlesque d'un

(1) Un manuscrit de l'époque, trouvé dans ces dernières années à la Bibliothèque

homme qu'on fait médecin en récit, chant et danse, comme le dit l'en-tête du troisième intermède, que le latin macaronique prend ses aises et envahit la scène. Là, depuis le terrible *occidendi impune per totam terram* du Præses jusqu'au *pro toto remercimento* du Bachelierus, ajoutant les *ondas à l'oceano* et les *rosas au printano:* tous dans cette désopilante bouffonnerie, Doctor, Chorus, Bachelierus, Præses, parlent ou chantent ce vieux latin macaronique que Rabelais met dans la bouche de son écolier limousin, langue souvent obscure chez lui, mais qui, passant par Molière, se comprend facilement sans explication ni commentaire.

Ici finissent, avec *le Malade imaginaire,* les divertissements, intermèdes et mascarades, en un mot, pour parler aussi latin, *exeunt;* la scène est vide, la toile tombe sur le dernier mot que Molière prononce sur le théâtre, et qui donne raison à notre Molière polyglotte, puisque c'est encore du latin : *Juro* (1).

Si l'on recherche les causes qui ont pu contribuer à l'introduction des scènes et divertissements en langues étrangères que nous signalons dans ces treize comédies de Molière rappelées à propos du *Sicilien,* la plus naturelle est dans la présence à Paris, à la même époque, des troupes de comédiens italiens et espagnols : les premiers, installés dès l'année 1645 par Mazarin, et partageant avec la troupe de Molière le théâtre du Palais-Royal; les autres, venus après la paix des Pyrénées,

nationale et publié avec illustrations, par M. Fréd. Hillemacher, sous la forme d'une charmante plaquette, raconte comme il suit l'origine de cette cérémonie : « On sait que la cérémonie du *Malade imaginaire* est l'œuvre de quelques beaux esprits, qui s'amusèrent, chez Mme de la Sablière, à la composer en commun. Chacun y mit la main, et fournit son trait; mais Molière réduisit ce factum, nécessairement un peu prolixe, aux proportions qui lui semblaient le mieux appropriées aux divertissements dont il voulait faire suivre sa comédie. »

(1) « Il lui prit une convulsion qui put être aperçue par quelques spectateurs, et qu'il essaya aussitôt de déguiser par un rire forcé. » (*Mémoires de La Grange.*)

6

en juillet 1660, et protégés par la reine Marie-Thérèse à ce point d'avoir joué, en 1663, soixante-treize fois à la cour. (Eug. Despois.)

Molière n'était pas homme à négliger ces éléments de variété qui répondaient si bien au goût du temps pour la mascarade et les déguisements, et qui l'aidaient à remplir ces interminables programmes de huit jours de fête à Versailles ou à Saint-Germain (1).

Quant au parti qu'en tirait Molière, on voit, par ce qui précède, que s'il se bornait à reproduire dans leur intégrité les scènes espagnoles et italiennes, il agissait autrement pour le latin, le turc et les divers idiomes et patois provinciaux : il y mettait son cachet et les *molièrisait* à son profit et au nôtre, n'en gardant que le trait caractéristique approprié au comique de son personnage : sorte de mascarade littéraire, dans laquelle tout est plus ou moins francisé, pour l'amusement et la commodité du public.

Fermons cette longue *parenthèse* du *Molière polyglotte*, par laquelle nous nous sommes laissé entraîner, mais qui, pour nous, peut trouver son excuse dans le côté musical des scènes et intermèdes chantés et dansés qu'elle renferme, et reprenons maintenant, par la musique du *Sicilien*, la suite de notre représentation.

LA MUSIQUE ET L'ORCHESTRE.

Exécutants, Chant et Danse.

Nous rentrons ici dans le vif de notre sujet en parlant de la musique du *Sicilien* et de son exécution en 1667.

(1) Le *Ballet des Nations*, qui termine la pièce du *Bourgeois gentilhomme*, réunit sous son titre caractéristique Français, Espagnols, Italiens, Suisses, Gascons, chantants et dansants, « qui se mêlent ensemble et forment la dernière entrée. »

Lulli, Baptiste (1), comme on le nommait généralement, a écrit la musique du *Sicilien* en même temps que celles de *Mélicerte* et de la *Pastorale comique,* qui l'avaient précédé dans le *Ballet des Muses.* On n'en a pas conservé la partition complète, mais on trouve à la fin de ce ballet les divers morceaux de chant qui la composent, écrits avec une basse chiffrée et les airs de danse notés à quatre et cinq parties : document précieux que nous donnons plus loin et qui termine l'ensemble de notre représentation (2).

Néanmoins une légère analyse et quelques renseignements sur l'exécution ne seront pas inutiles pour faire comprendre cette partition du *Sicilien,* dans laquelle on ne peut, à vrai dire, trouver qu'un reflet insuffisant des grandes œuvres de Lulli.

La partie musicale du *Sicilien* est composée de trois intermèdes qui se relient à l'action de la pièce.

Le *premier,* sous forme de sérénade, a pour sujet, comme Hali l'explique à son maître, le désespoir amoureux des deux bergers, Philène et Tircis, dont un « pâtre joyeux » vient interrompre « les soupirs et les regrets, » en leur prouvant par un « bécarre admirable » que « jamais les âmes bien saines ne se payent de rigueurs. »

Le *second,* mélange de chant et de danse, est moins développé, mais tire son originalité de l'air que l'esclave chantant adresse tour à tour, en deux langues, à Don Pèdre et à Isidore ; air encadré dans le ballet qui recommence après chaque couplet.

(1) « C'est sous ce nom de *Baptiste,* que Lulli est inscrit parmi les acteurs et danseurs des ballets de la cour, depuis 1653 jusqu'en 1660. Son nom de famille était Lulli ; il était fils de Laurent de Lulli, gentilhomme florentin, et de Catherine del Serta. » (Fétis, *Biographie des musiciens ;* Paris, Didot.)

(2) Cette partition fait partie de la collection des œuvres de Lulli, copiées par Philidor, avec cette note imprimée et collée sur le livre : « Ce livre appartient à Philidor l'aîné, ordinaire de la musique du Roi et garde de tous les livres de sa bibliothèque de musique, l'an 1702. »

Le *troisième* n'est qu'un ballet final de *plusieurs danseurs vêtus en Maures.*

Le premier air de Philène, « Si du triste récit de mon inquiétude... » est écrit à trois temps, en *la* mineur ; et, comme dans la plupart des morceaux de musique instrumentale, les huit premières mesures se recommencent sans tenir compte de l'intérêt et du sens des paroles ; la même forme se retrouve dans les airs qui suivent.

Le second, que chante Tircis, « Les oiseaux réjouis, » est écrit à l'ancienne mesure trois-deux (à trois blanches) et commence, comme le précédent, par un prélude instrumental.

Le duo qui suit, entre Philène et Tircis, ou du moins ce que nous appellerions ainsi aujourd'hui, « Ah ! mon cher Philène, » porte le titre de *Dialogue* et est écrit dans cette forme musicale, particulière à l'époque, d'un récitatif mesuré qui, au lieu de laisser le mouvement et les silences à la volonté du chanteur, prenait sa liberté dans les seuls changements de mesure (ici, c'est à 4 temps, 2 temps et 3/4), subordonnés au sens des paroles et à leur intérêt.

La courante que Lisandre des *Fâcheux* chante à Éraste avant de la porter à « Baptiste le très cher ; » la chanson du fagotier, « Qu'ils sont doux, bouteille jolie, qu'ils sont doux vos jolis glouglous ; » la vieille chanson d'Alceste : « Si le Roi m'avait donné Paris sa grand'ville, » se rattachent à ce genre de musique qui n'a pour but que d'accompagner la parole et d'en compléter le sens.

La mode des comédies-ballets rendait l'usage du chant familier aux comédiens de ce temps-là, et Molière lui-même, dans le rôle de Don Pèdre du *Sicilien,* en chassant de chez lui les danseurs amenés par Hali, reprenait l'air que venait de dire l'esclave chantant. On lit dans les *Entretiens galants :* « Mlle Molière avait la voix extrêmement jolie, et elle chantait avec un grand goût le français et l'italien. La Grange et Mlle Molière chantaient fort bien le duo « Belle Philis, c'est trop, c'est trop souffrir, » placé dans le deuxième acte du *Malade imaginaire*, lorsque Cléante, venu à la place du maître de musique, chante avec Angélique ce qu'il nomme proprement « un petit opéra impromptu. » Ce genre de musique improvisée répondait fort bien à la définition de Cléante : « Est-ce que vous ne savez pas, Monsieur, qu'on a trouvé depuis peu l'invention d'écrire les paroles avec les notes mêmes (1)? »

Pour revenir à notre *Sicilien*, l'air du Pâtre a cela de particulier que le second couplet est écrit sous la forme de ce que l'on appelait alors un *double*, c'est-à-dire le retour du même air avec la même basse, mais varié et agrémenté de passages et d'ornements en doubles croches (2). Il faut citer, comme l'un des meilleurs morceaux de la partition, la romance « D'un cœur ardent, » que chante à Isidore l'un des esclaves amenés par Hali, et qui se mêle au Chiribirida comique destiné à tromper Don Pèdre. Ce second mouvement en gammes descendantes et remontantes, moyen que du reste Lulli a souvent employé, rendu avec esprit par le chanteur, peut être d'un excellent effet scénique.

Le livret du *Sicilien* nous a conservé les noms des trois chanteurs chargés de représenter les personnages de la sérénade et du second intermède; ce sont :

MM. BLONDEL,	PHILÈNE.
GAYE,	Le berger TIRCIS.
NOBLET,	PATRE *les interrompant*.

Dans le second intermède, c'est encore le sieur Gaye qui chante « D'un cœur ardent » et le couplet en langue franque.

(1) La manière dont on le dit encore aujourd'hui au Théâtre-Français, sans accompagnement d'instruments, est le reflet traditionnel de l'exécution au temps de Lulli.

(2) Cette forme de second couplet, varié pour le chant, se retrouve dans de nombreux airs à chanter des opéras de Lulli. Le mot *passage* était employé et adopté pour ce genre d'ornements :

« Un savetier chantait du matin jusqu'au soir ;
C'était merveille de le voir,
Merveille de l'ouïr; il faisait des *passages*,
Plus content qu'aucun des sept sages. »

La plupart des personnages chantants des comédies-ballets représentées devant le Roi, et dans lesquelles il figurait lui-même, étaient attachés à l'Opéra ou faisaient partie de sa musique. On leur adjoignait, comme on le voit dans le détail ci-dessous au sujet du *Ballet des Muses* (1), les pages de la musique de la chambre ou ceux de la chapelle.

On s'explique difficilement comment la musique des airs de ballet d'esclaves et de Maures du *Sicilien,* pouvait apporter dans la comédie les éléments de gaieté en rapport avec l'ensemble comique du divertissement. Le premier air, ayant pour seul intitulé, « Les Esclaves, » et le dernier sans indication, sont écrits à trois temps, dans le rythme de la chaconne, moins les développements, et se composent d'une petite reprise qui se recommence et d'une plus longue qui ne se redit pas. L'air à danser du milieu « Pour les Maures, » est, de même, à deux reprises, dont la dernière est interrompue par Don Pèdre, qui menace et chasse chanteurs et danseurs.

Noverre aurait-il raison, quand il dit dans ses lettres sur la danse : « Dussé-je me faire une foule d'ennemis sexagénaires, je dirai que la musique dansante de Lulli est froide, langoureuse et sans caractère ? »

La même source où nous avons puisé les noms des chanteurs du *Sicilien,* nous donne ceux des quatre esclaves dansants amenés par Hali dans la scène huitième. Ce sont : M. Le Prestre; les sieurs Chicaneau, Mayeu et Pésant, qu'on retrouve encore dans la suite du ballet.

Pouvons-nous parler des danseurs du *Sicilien* sans revenir sur le plus grand de tous, et indiquer, d'après un juge compétent, ce qu'était la danse de ce premier *Maure de qualité,* « Le Roy? »

« La *courante,* dit-il, étoit autrefois fort à la mode, aussi est-elle une danse très grave et qui inspire un air de noblesse plus que les autres danses qui ont un air enjoué. Aussi Louis XIV, d'heureuse mémoire, n'a

(1) *Muses chantantes :* MM. Legros, Fernon l'aîné, Fernon le jeune, Lange, Cottereau, Saint-Jean et Buffeguin, pages de la musique de la chambre; Auger et Luden, pages de la chapelle; remplissant, selon l'usage, des rôles de femmes.

pas dédaigné de la préférer, puisque après les branles, qui sont ou qui étoient les danses par où les bals de la cour se commençoient, SA MAJESTÉ, ensuite de ces branles, dansoit la *courante;* il est vrai qu'il la dansoit mieux que personne de la cour et lui donnoit une grâce infinie (1). » Madame de Sévigné dit dans une de ses lettres (lettre 61) : « Le Roi mena la Reine et nous honora de quelques *courantes.* »

On trouve encore dans la partition du *Ballet des Muses,* en tête de la quatrième entrée, « Rondeau pour le Roy; » cet air à danser, écrit à 6/4 et d'une allure animée et gracieuse, portait le nom de *Forlane,* danse vénitienne très usitée alors.

Si dans nos mœurs actuelles nous acceptons difficilement ce rôle de Roi-dansant (2), il faut du moins, en y réfléchissant, lui accorder que, s'il avait dans sa jeunesse dansé sur le théâtre, en public, c'est qu'à cette époque de sa vie ces représentations, ces mascarades se passaient chez lui en famille, ne différant guère de ce que nous nommons aujourd'hui un bal costumé; et ne serions-nous pas mal venus à blâmer ce goût pour la comédie-ballet auquel, sous couleur de faire danser des Turcs, nous devons le *Sicilien* de Molière?

Orchestre.

Nous ne pouvons donner l'orchestre complet du *Sicilien,* faute de renseignements précis, la partition complète ayant disparu; mais nous pou-

(1) *Le Maître à danser,* par le sieur Rameau, maître à danser des pages de Sa Majesté catholique la reine d'Espagne. *Paris,* chez Rollin fils, 1718.

(2) « Il y avait eu un premier ballet au mariage du Roi, en 1659 (*Les Amours d'Hercule*), où il dansa avec tous les seigneurs et dames de la cour... pendant le temps du bal, qui dura toute la nuit, quoique le Roi en sortit à onze heures, avec le Roi d'Angleterre, la Reine et tous les princes du sang, pour aller souper. Mais pendant que le Roi y fut, on n'y dansa que des danses graves et sérieuses, où la bonne grâce et la noblesse de la danse parurent dans tout leur lustre. »

(BONNET, *Histoire générale de la danse*, 1723, p. 74.)

vons du moins en parler par assimilation avec celles écrites par Lulli à la même époque, et dont fait partie le *Ballet des Muses,* collection Philidor. Dans cette partition manuscrite, les instruments à cordes désignés sous le nom général de *violons,* la basse comprise, forment un quintette composé d'un *dessus de violon* écrit à la clef de *sol* première ligne, de deux *autres violons,* haute-contre et taille qui lisaient à la clef d'*ut* deuxième et troisième, d'une *quinte de violon* et d'une *basse de viole,* qui, dans les récitatifs, accompagne seule. Il ne faut pas croire cependant que l'orchestre de Lulli, à l'Opéra ou dans les fêtes royales de Saint-Germain ou de Versailles, se bornât à ce que donne cette petite partition réduite. Le clavecin soutenait la basse de viole; les flûtes, les hautbois, en jouant à l'unisson des violons en solo ou en groupes séparés (1), y remplissaient un rôle important, ainsi que le basson, les trompettes et les timbales, comme on le voit par l'orchestre indiqué ci-dessous, avec le nom des musiciens de l'époque (2).

L'orchestre du Théâtre-Français était beaucoup moins nombreux, surtout lorsque, cédant bien à regret aux exigences rivales de Lulli (3), Molière dut se borner à six chanteurs et douze violons, et, plus tard, à deux chanteurs et six symphonistes, trois dessus de violon, un hautbois, et deux basses; mais le renseignement qui suit prouve que, selon qu'il était nécessaire, l'orchestre s'adjoignait des auxiliaires.

(1) Le maître du logis nous reçut dans un lieu nouvellement rebâti, le jardin de plain-pied de l'hôtel de Condé, des jets d'eau, des cabinets, des allées en terrasses, six hautbois dans un coin, six violons dans un autre, des flûtes douces au plus près, un soupé enchanté, une basse de viole admirable, une lune qui fut témoin de tout. »

(Mme de Sévigné.)

(2) « Batiste aîné, Batiste cadet, Colasse et Marchand, dessus de violon; Lalouette, haute-contre; Verdier, taille; Joubert et Lacoste, quintes de violon; Marais et trois autres musiciens dont les noms manquent, basses de viole; Pièsche et Lainé, flûtes; Hotteterre et Duclos, flûte et hautbois; Plumet et Lacroix, hautbois et basson; Philidor, timbalier. En tout vingt exécutants. » (Chouquet, *Hist. de la Musique dramat.*)

(3) Ordonnance royale, du 14 avril 1672.

On trouve en effet au compte des dépenses de la Comédie-Française faites pour l'orchestre de *la Princesse d'Élide*, en 1664 (Bonassies) :

8 violons, 24 liv., les deux premières fois, 29 liv.; l'autre 24.

Pour la symphonie, 8 liv.

3 hautbois, 9 liv. la première fois, 10 liv. 10 s. et 10 liv.; les deux autres 9 liv.

Pour le surplus des violons des ritournelles, 4 liv. la première fois, 3 liv. la seconde, rien la troisième.

C'est aussi l'emploi des violons dans le *concert de musique* de M. Jourdain, « un clavecin pour les basses continues, avec deux dessus de violon pour les ritournelles. »

Pouvons-nous raconter les instruments de Lulli, sans parler de celui de tous qu'il a le plus souvent employé dans ses ballets, de cette musette, accessoire obligé de toute fête galante, qui a si longtemps régné en France et charmé toute cette société passionnée de pastorales et de bergeries, au point que M. Jourdain lui-même s'en plaint au maître de musique : « Pourquoi toujours des bergers? on ne voit que cela partout. »

Richement et galamment enrubannée aux couleurs du maître ou de la maîtresse, ou décorée des armes des maisons royales auxquelles elle appartenait; ornée, comme son collègue le clavecin, par les artistes les plus habiles; composée de matières toutes précieuses, ivoire et argent, velours et soie : objet de luxe fait pour charmer à la fois les yeux et les oreilles; instrument à deux fins, moitié hautbois, moitié orgue, de forme bizarre et compliquée qu'on retrouve dans tout l'art décoratif de l'époque comme ornement caractéristique; dont le nom a été donné à un morceau de musique qui faisait partie de tous les opéras, de toutes les suites et pièces d'instruments du temps; jouée par les plus habiles virtuoses et par tout ce que la cour et la ville avaient de plus élevé et de plus intelgent : la *Musette*, « ô ma tendre musette ! » tu n'es plus aujourd'hui pour nous qu'une amusante curiosité. Mais si les musiciens t'ont délaissée et ne te connaissent plus, les poètes qui t'ont chantée au temps heureux de ta jeunesse, te sauvent de l'oubli, et, comme la *Fleurette* de Musset, « demi-morte et demi-coquette, » tu laisses ainsi qu'elle aux délicats, aux amis du passé, un aimable et touchant souvenir.

Tircis qui, pour la seule Annette,
Faisait résonner les accords
D'une voix et d'une *musette*
Capables de toucher les morts.....

Le coffre étant ouvert on y vit des lambeaux,
L'habit d'un gardeur de troupeaux,
Petit chapeau, jupon, pannetière, houlette,
Et je pense aussi sa *musette*.

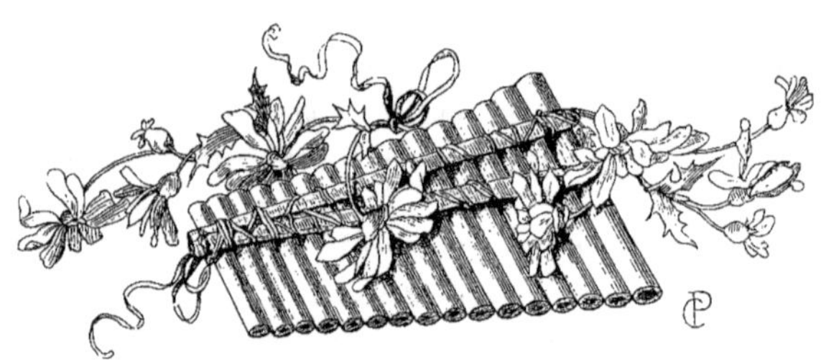

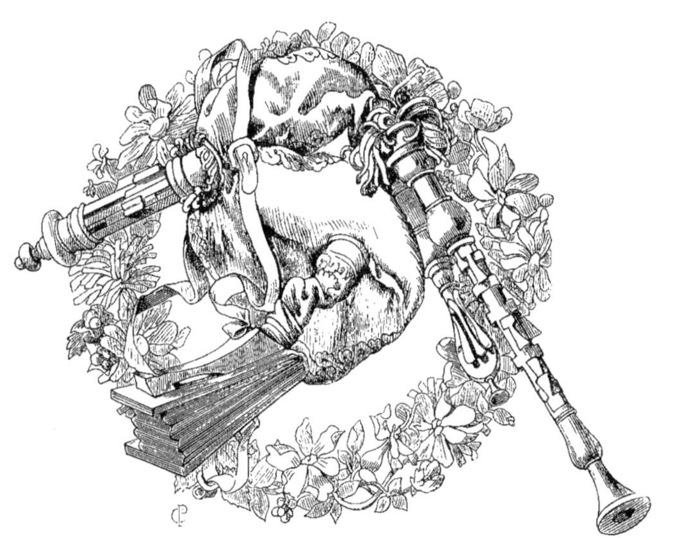

OBSERVATIONS

SUR LA MUSIQUE DU *SICILIEN* DE LULLI.

Nous avons dit plus haut, en racontant l'orchestre de Lulli, ce qu'était la musique écrite par lui pour *le Sicilien*. Nous la donnons ici appropriée au piano, mais textuelle et telle qu'on la trouve dans le manuscrit de Philidor.

Les seules modifications que nous y avons apportées pour la rendre exécutable sont :

1° Le changement des clefs anciennes en clefs modernes de *sol* et *fa*;

2° La réalisation de la basse continue écrite par Lulli;

3° La réduction pour le piano des airs de danse écrits dans la partition à cinq parties de violons.

Cependant, ce n'est pas encore tout pour comprendre et exécuter cette musique si différente de la nôtre, et dans laquelle on ne trouve écrits ni mouvements ni nuances, en un mot, aucun des signes qui servent aujourd'hui à transmettre à l'exécutant les idées de l'auteur.

C'est donc bien plutôt par un travail de reconstruction, dans une pensée poétiquement rétrospective, en cherchant dans *le Sicilien* de Lulli quelques-unes des qualités qui éclairent ses grandes œuvres, qu'on pourra essayer de retrouver le sens de cet art, bien dépaysé aujourd'hui, mais qui n'a pas moins eu son temps de charme et de jeunesse.

MUSIQUE DE LULLI

POUR

LE SICILIEN

Ici, commence le Ballet du SICILIEN

par **Molière et Lully**

2ª
- chés: Quand vous saurez l'ex - cès de mes pei - nes se -
- crè - - tes, Tout ro - chers que vous ê - tes, vous en se -
- rez — tou - chés. Tout ro - chers que vous ê - tes, vous en se -
- rez — tou - chés, vous en se - rez — tou - chés.

Ritournelle
TIRCIS.
Les oi_seaux réjou _ is dès que le jour s'avan _ _ ce Re_com_mencent leurs chants dans ces vas _ tes fo _ rêts;
1a

2a
_rêts; Et moi je re_com_men - - ce Mes sou pirs lan_guis_
_sants Et mes tris_tes re - grets. Et
moi je re_com_men_ce Mes sou_pirs lan_guis_sants Et mes
tris - tes re_grets. Et mes tris - tes re - grets.

DIALOGUE

TIRCIS.
Ah! mon cher Phi_lè_ne,
Que je sens de pei_ne!
PHILÈNE
Ah! mon cher Tir_cis,
Que j'ai de sou_cis!
Tou_jours sourdeà mes vœux est l'in_grat_te Cli_mè_ne,
Chlo_ris n'a point pour moi de re_gards a_dou_cis.
O loi trop in_hu_
O

_mai _ _ ne! trop inhu_mai _ ne! A_mour, a_
loi trop inhu _ mai _ _ ne! O loi trop inhu_mai _ ne! A_mour, a_
_mour, si tu ne peux les con_train_dre d'ai_mer. Pour_quoi leur laisses-tu le pou_
_mour, si tu ne peux les con_train_dre d'ai_mer.
voir de char mer? Pour_quoi leur laisses-tu le pou_voir de charmer?
Pour_quoi leur laisses-tu le pouvoir de char_ mer?

UN PÂTRE.
1er Couplet.
Pau _ vres a _ mants, quelle er _ reur d'a _ do _ rer des in _ hu _
2d Couplet.
On voit cent bel _ les i _ ci au _ près de qui je m'em _
_ mai _ _ nes! Ja _ mais les â _ mes bien sai _ nes Ne se
_ pres _ _ se; A leur vou _ er ma ten _ dres _ se, Je mets
pa _ _ yent de ri _ gueurs; Et les fa _ veurs sont des
mon plus doux sou _ ci: Mais dès que l'on est fi _

FIN DU PREMIER INTERMÈDE.

SECOND INTERMÈDE

LES ESCLAVES

Mais d'un ja_loux o_di_eux La vi_gi_lance é_ter_nel_le
Mais, si d'un œil un peu doux La bel_le voit son mar_ty_re.
Fait qu'il ne peut, que des yeux, S'en_tre_te_nir a_vec el_le.
Et con_sent qu'aux yeux de tous, Pour ses at_traits il sou_pi_re,
Est-il pei_ne plus cru_el_le Pour un cœur
Il pour_rait bien_tôt se ri_re De tous les
bien a_mou_reux? Est-il pei_ne plus cru_el_le
soins du ja_loux, Il pour_rait bien_tôt se ri_re

à don Pèdre.

Pour un cœur bien a _ mou _ reux? Chi _ ri _ bi _ ri _ da ouch al _

De tous les soins du ja _ loux

Violons.

_la, star bon tur _ ca, non a _ ver da _ na _ ra: ti vo _ ler com _

_pra _ ra? mi ser _ vir a ti, se pa _ gar per mi; far bo _

_na cu _ ci _ na, mi le _ var ma _ ti _ na, far bo _ ler cal _ da _

On chante ensuite les deuxièmes paroles. On rejoue l'entrée des esclaves, puis Chiribirida et «c'est un supplice à tous coups» *puis encore une fois Chiribirida, ensuite l'entrée des esclaves, puis Molier:* (*sic*) «savez vous mes drôles»

LES MAURES.

Le seigneur don Pedre les menaçant, chante à son tour les paroles qui suivent:

Sa _ vez - vous mes drô _ les, que cet _ te chan _ son Sent pour vos é _
1a
2a
_ pau_les les coups de bâ _ ton? _ ton? Chi_ri_bi_ri _ da ouch al _ la, mi
1a
2a
ti non com_pra_ra, ma ti basto _ na_ra si ti non an _ da_ra, an _
_ da_ra, an _ da_ra, o ti bas _ to _ na_ra an _ da_ra, an _ da_ra, o

ti bas_to_na_ra, an_da_ra, an_da_ra, o ti bas_to_na_ra.
Pour les mêmes
1a
2a

DEUXIÈME PARTIE.
APRÈS LA REPRÉSENTATION.

APRÈS LA REPRÉSENTATION.

Le feuilleton d'alors. — Les interprètes de l'œuvre; les jugements des contemporains. — La critique moderne. — La prose rimée du *Sicilien*. — La musique du *Sicilien;* ce qu'elle a été au temps de Molière; par quels côtés elle devait être insuffisante; ce que nous avons essayé d'en faire.

OILA donc, d'après le récit des contemporains, le *Sicilien* de 1667; et, comme toute première représentation doit être suivie de son feuilleton, nous devons faire connaître ce qu'en ont dit les journaux du temps.

La *Gazette* est la première en date : c'est en février 1667, à l'apparition du *Sicilien* dans le *Ballet des Muses.*

« On écrit de Saint-Germain : Le ballet fut encore dansé avec deux nouvelles entrées de Turcs et de Mores qui ont paru des mieux concertées, la dernière étant accompagnée d'une comédie française (*le Sicilien*), aussi des plus divertissantes..... Thalie, à qui la comédie est consacrée, a pour partage une pièce comique représentée par les comédiens du Roy, et composée par celui de tous nos poëtes (Molière) qui, dans ce genre d'écrire, peut le plus justement se comparer aux anciens. »

Le Sicilien est donné à Paris (1) le 10 juin, et on lit dans une des lettres en vers de Robinet parue le lendemain :

Depuis hier pareillement
On a pour divertissement
Le Sicilien que Molière,
Avec sa charmante manière,
Méla dans le ballet du Roy
Et qu'on admire sur ma foy.

A la date du 19 juin, Robinet parle encore de la comédie nouvelle :

Je vis à mon aise et très bien
Dimanche *le Sicilien ;*
C'est un chef-d'œuvre, je vous jure,
Où paraissent en miniature
Et comme dans leur plus beau jour,
Et la jalousie et l'amour.

Les frères Parfait, dans leur *Histoire du Théâtre Français* (2) disent

(1) Le registre de La Grange signale dix-sept représentations consécutives du *Sicilien* pendant les mois de juin et de juillet; mais, à dater de ce moment-là, soit par la nécessité de garder au répertoire les pièces plus anciennes de Molière, qui attiraient toujours la foule et charmaient tout le monde, depuis *l'Étourdi* jusqu'au *Misanthrope*, soit pour faire place aux pièces nouvelles, *Amphitryon*, *George Dandin*, *l'Avare*, qui paraissent coup sur coup, et *le Tartuffe*, qui tient l'affiche pendant trois mois, *le Sicilien* ne reparaît plus que deux fois du vivant de Molière, et seulement comme lever de rideau, à la première représentation de *Pourceaugnac*, le vendredi 15 novembre 1669, et à celle des *Fourberies de Scapin*, le dimanche 24 mai 1671. A partir de cette date il n'est plus question du *Sicilien* qu'en 1679 : on le joue alors neuf fois avec *Phèdre*, *Mithridate* et *Pourceaugnac;* en 1680, quatre fois; en 1681, cinq fois, toujours avec *Pourceaugnac* et une fois avec *Scapin;* deux fois en 1682, et enfin le 21 août 1685. C'est, par un étrange à-propos, la dernière pièce citée, le dernier mot du registre de La Grange.

(2) *Histoire générale du Théâtre Français depuis son origine;* Paris, 1734-1790, 15 vol. in-12.

du *Sicilien* : « C'est la seule petite pièce en un acte où il y ait de la grâce et de la galanterie : les autres petites pièces, que Molière ne donnait

LE SICILIEN.

Scène XIII du *Sicilien, ou l'Amour peintre*; d'après Boucher.

que comme farces, ont d'ordinaire un fond plus bouffon et moins agréable. La finesse du dialogue, et la peinture de l'amour dans un amant italien et dans un amant français, sont le principal mérite de cette pièce qui est ornée de musique et de danse. »

Mais quels étaient les interprètes de l'œuvre? L'affiche ne donnait pas le nom des comédiens, et le journal n'en parlait pas non plus; il est pourtant curieux de savoir qui étaient ces cinq acteurs choisis par Molière pour jouer *avec lui* les divers rôles du *Sicilien*.

D'abord LA GRANGE (*Adraste*), l'ami et l'homme de confiance de Molière, son remplaçant comme orateur de la troupe, l'auteur du fameux registre chronique, première histoire de la comédie française, La Grange, à qui l'on doit la première édition des œuvres complètes imprimées en 1682, le comédien à qui Molière, traçant à chacun son caractère dans *l'Impromptu de Versailles,* donnait pour toute instruction : « Vous, je n'ai rien à vous dire. »

Ensuite, Mlle DE BRIE (*Isidore*), dont le talent était si apprécié que lorsque, à près de soixante ans, elle dut céder le rôle d'Agnès de *l'École des femmes* à une plus jeune actrice, le public ne voulut rien entendre jusqu'à ce que, séance tenante, et en habit de ville, elle eût repris le rôle.

Puis Mlle MOLIÈRE (*Zaïde*), à laquelle son mari devait assurément penser quand, peignant à Isidore, dans le rôle de Don Pèdre, les tourments que lui causent sa coquetterie et son irrésistible besoin de plaire, il lui dit : « Oui, jaloux de ces choses-là, mais jaloux comme un tigre, et, si vous voulez, comme un diable; mon amour vous veut tout à moi : sa délicatesse s'offense d'un souris, d'un regard qu'on vous peut arracher, et tous les soins qu'on me voit prendre ne sont que pour fermer tout accès aux galants, et m'assurer la possession d'un cœur dont je ne puis souffrir qu'on me vole la moindre chose. »

C'est ainsi que Corneille, le collaborateur de Molière dans *Psyché*, faisait dire à l'Amour.

Je le suis (jaloux), ma Psyché, de toute la nature.
Les rayons du soleil vous baisent trop souvent;
Vos cheveux souffrent trop les caresses du vent,
Dès qu'il les flatte j'en murmure :

L'air même que vous respirez
Avec trop de plaisir passe par votre bouche;
Votre habit de trop près vous touche;
Et, sitôt que vous soupirez,
Je ne sais quoi qui m'effarouche
Craint, parmi vos soupirs, des soupirs égarés.

Et comment ne pas réunir aussi dans une même pensée ces deux femmes, DE BRIE et MOLIÈRE, associées si intimement toutes deux à la vie et au génie du poète?

La première, dont l'amitié à l'épreuve s'explique facilement, vis-à-vis d'un tel cœur à comprendre et à consoler, Éliante, moins le refus, et disant comme elle :

Je pourrais me résoudre à recevoir ses vœux,
Et le refus souffert en pareille occurrence
Ne m'y ferait trouver aucune répugnance.

L'autre, Célimène coupable, mais à laquelle on pardonne volontiers, comme le fait Alceste, lorsque, après l'avoir exaspéré par sa froide coquetterie, elle lui inspire et lui arrache à la fois ce tendre cri d'un cœur outragé :

Morbleu! faut-il que je vous aime!
Ah! que si de vos mains je rattrape mon cœur,
Je bénirai le ciel de ce rare bonheur!

LA THORILLIÈRE (*Hali*), capitaine de cavalerie avant d'entrer par passion du théâtre dans la troupe de Molière, et DU CROISY (*un Sénateur*), tous deux gentilhommes : l'un, doué d'une souplesse de talent qui le rendait propre à tous les rôles, mais jouant plus volontiers les rois et les paysans; l'autre, dont on trouve le nom dans la plupart des pièces de Molière et qui excellait au rôle de Tartuffe.

Enfin, et avant tout autre, MOLIÈRE (*Don Pèdre*), dont la lettre de Robinet déjà citée disait :

Le Sicilien, que Molière
Représente d'une manière
Qui fait rire de tout le cœur.

Ce qui s'accorde bien avec le portrait qu'en a fait Mlle du Croisy, fille de l'acteur : « Il avait le nez gros, la bouche grande, les lèvres épaisses, le teint brun, les sourcils noirs et forts, et les divers mouvements qu'il leur donnait lui rendaient la physionomie extrêmement comique. »

La Grange, dans sa *Vie de Molière* placée en tête de l'édition de 1682, après l'avoir montré « exerçant toutes les qualités d'un parfaitement honnête homme, » ajoute : « Il n'estoit pas seulement inimitable dans la manière dont il soutenoit tous les caractères de ses comédies; mais il leur donnoit encore un agrément tout particulier, par la justesse qui accompagnoit le jeu des acteurs : un coup d'œil, un pas, un geste, tout y étoit observé avec une exactitude qui avoit esté inconnue jusque-là sur les théâtres de Paris. »

On peut donc ainsi, dans une certaine limite, se figurer ce que devait être l'exécution du *Sicilien,* et l'ensemble qu'on pouvait obtenir de pareils comédiens, de cette troupe dirigée et inspirée par un tel génie.

C'est à cet amour du théâtre, et surtout aussi à cette sorte de paternité que, dans « son âme belle et libérale, » il avait vouée à ses camarades, qu'il faut attribuer son refus d'entrer à l'Académie, qui lui avait offert le fauteuil, à la condition qu'il renoncerait aux rôles comiques, « à ce sac ridicule où Scapin l'enveloppe ; » ce dont l'Académie se crut justifiée en mettant au bas de son buste cette inscription, proposée par Saurin (1) :

Rien ne manque à sa gloire; il manquait à la nôtre.

(1) On lit dans la *Généalogie de Molière*, par E. Révérend du Mesnil : « L'abbé de la Fosse fut appelé à la lecture de l'*Éloge de Molière*, mis au concours à l'Académie

« Les académiciens, dit un contemporain, sauf de rares exceptions, mêlent bien des restrictions et parfois aussi l'indifférence à l'appréciation de ses pièces. »

La Bruyère lui-même, tout en exaltant les qualités du poète, n'ajoute-t-il pas : « Il n'a manqué à Molière que d'éviter le jargon et le barbarisme et d'écrire purement? »

Il ne faut donc pas chercher parmi les contemporains ou confrères de Molière cette approbation sympathique, cette grande et unanime admiration à laquelle la postérité nous a accoutumés. Molière avait, comme tous ceux qui s'attaquent aux mœurs et aux ridicules de leur temps, plus d'ennemis que d'amis; la *Gazette* et le *Mercure* louaient plus volontiers dans leurs feuilles Thomas Corneille et Quinault que l'auteur des *Femmes savantes* et des *Précieuses ridicules.*

Après les jugements, les attaques. Le *Portrait du peintre,* et plus tard l'*Élomire hypocondre,* sous son transparent anagramme, tentent de ridiculiser et de diffamer tout à la fois le poète et l'homme.

Aussi, quand Boileau disait à son ami :

Laisse gronder les envieux,
Ils ont beau crier en tous lieux
Qu'en vain tu charmes le vulgaire,
Que tes vers n'ont rien de plaisant :
Si tu savais un peu moins plaire,
Tu ne leur déplairais pas tant;

et lorsque, à Louis XIV lui demandant quel était le plus rare des grands

française comme représentant la famille avec François Poquelin, conseiller référendaire à la cour des comptes, vieillard plus qu'octogénaire. »

On sait que l'éloge couronné fut celui de Chamfort (1769).

Quant à l'inauguration du buste de Molière, avec l'inscription ci-dessus, elle se rapporte à l'année 1778. (*Biographie générale,* Firmin-Didot, 1845.)

écrivains qui auraient honoré la France pendant son règne il répondait : « Sire, c'est Molière, » avec tant de fermeté que le Roi répliquait : « Je ne le croyais pas, mais vous vous y connaissez mieux que moi, » ce n'était que justice, et il ne fallait rien moins qu'une telle autorité pour relever le courage de l'homme et forcer le génie à continuer la lutte.

Car, on le sait, le succès, dans ce temps-là, venait d'autre part qu'il ne vient aujourd'hui, surtout pour les pièces jouées devant la cour ; c'était avant tout le Roi qui l'imposait. C'est ainsi qu'à la première représentation du *Bourgeois gentilhomme*, à Chambord (14 octobre 1670), le Roi étant demeuré impassible jusqu'au bout, et, à son exemple, toute la cour, Molière, désespéré, fut exposé au mépris de tous pendant cinq jours d'anxiété ; mais, à la seconde représentation, le Roi, qui avait voulu asseoir son jugement, ayant dit à Molière : « En vérité, Molière, vous n'avez encore rien fait qui m'ait plus diverti, et votre pièce est excellente, » les mêmes qui avaient dénigré la pièce accablèrent l'auteur de louanges et de félicitations.

Racine, lui aussi, racontait au sujet des *Plaideurs* : « Ceux mêmes qui s'y étaient le plus divertis eurent peur de ne pas avoir ri dans les règles, et trouvèrent mauvais que je n'eusse pas songé plus sérieusement à les faire rire; mais le Roi, qui était très sérieux, y ayant fait de grands éclats de rire, le beau monde ne se fit pas scrupule de s'y amuser. »

Que dit Molière, lui-même, dans la critique de *l'École des femmes?* « Sachez, s'il vous plaît, monsieur Lycidas, que les courtisans ont d'aussi bons yeux que d'autres ; qu'on peut être habile avec un point de Venise et des plumes, aussi bien qu'avec une perruque courte et un petit rabat uni ; que la grande épreuve de toutes vos comédies, c'est le jugement de la cour. »

Aujourd'hui, et depuis longtemps déjà, on n'en est plus à juger Molière, mais à essayer d'en jouir encore davantage, s'il est possible, par toutes sortes d'analyses, d'appréciations et de recherches. Tous les écrivains modernes, les critiques les plus éclairés qui ont parlé du *Sicilien*, s'accordent à le classer à part dans l'œuvre de Molière, et le citent comme une de ces œuvres rares dans lesquelles tout concourt, par un heureux ensemble, à une parfaite et charmante originalité.

Taschereau, dans son jugement sur Molière, résume ainsi ces opinions :

« *Le Sicilien* vint prendre également place dans le *Ballet des Muses ;* cette production charmante a été regardée par tous les littérateurs comme l'essai d'un genre frais et animé. Voltaire le cite comme un modèle de grâce ; Bret y voit le type de toutes les pièces de Sainte-Foix, mais on fait observer, avec raison, que *le Sicilien* a sur les ouvrages de ce dernier auteur le mérite de la vraisemblance et du naturel. »

On lit dans l'édition Aimé-Martin :

« Il était difficile d'imaginer un sujet qui prêtât davantage aux divertissements, et de combiner une action où ils pussent être mieux placés. La singularité des mœurs siciliennes, le mélange des nations, la variété des costumes, l'amour ombrageux et tyrannique d'un noble messinois ou palermitain en contraste avec l'amour respectueux et tendre d'un gentilhomme français, des scènes de nuit, des sérénades galantes, des voiles, cette invention de la coquetterie ou de la jalousie que l'une peut si facilement tourner contre l'autre, tout cela composait un spectacle animé et pittoresque, que la musique et la danse venaient embellir. »

Et dans l'édition L. Moland :

« *Le Sicilien* est un chef-d'œuvre dans son genre; il devançait de cent ans notre opéra-comique ; unissant la poésie à la gaieté, se plaçant à une égale distance du *Médecin malgré lui* et du *Misanthrope*, il témoigne de l'heureuse diversité du génie de Molière. »

Et maintenant, si nous quittons les généralités pour entrer dans le détail, comment ne pas admirer ce génie d'assimilation, ce sens exquis avec lequel Molière pénètre dans l'esprit de son personnage? Ainsi, dans *les Fâcheux*, le joueur, le chasseur; dans *le Bourgeois-gentilhomme*, les maîtres d'armes, de musique, de danse, chacun ne parle-t-il pas au naturel le langage de sa profession?

Dans *le Sicilien*, c'est le musicien et le peintre. Y a-t-il rien de plus musical que cette définition aussi vraie qu'amusante des qualités diverses du bémol et du bécarre dans la bouche d'Hali?

HALI.

Monsieur, je tiens pour le bécarre. Vous savez que je m'y connais. Le bécarre me charme, hors du bécarre point de salut en harmonie; écoutez un peu ce trio.

ADRASTE.

Non; je veux quelque chose de tendre et de passionné, quelque chose qui m'entretienne dans une douce rêverie.

HALI.

Je vois bien que vous êtes pour le bémol, mais il y a moyen de nous contenter l'un et l'autre : il faut qu'ils vous chantent (les musiciens amenés par Hali) une certaine scène d'une petite comédie que je leur ai vu essayer. Ce sont deux bergers amoureux tout remplis de langueur, qui, sur bémol, viennent séparément faire leurs plaintes dans un bois, puis se découvrent l'un à l'autre la cruauté de leurs maîtresses; et là-dessus vient un berger joyeux avec un bécarre admirable qui se moque de leur faiblesse.

Le musicien le plus exercé pourrait-il mieux dire? Et pour le peintre, quoi de plus agréable et de plus vrai que ce que répond Isidore à Adraste dans la scène du portrait, au sujet des femmes qui se font peindre?

ISIDORE.

Je ne suis pas comme ces femmes qui veulent, en se faisant peindre, des portraits qui ne sont point elles, et ne sont point satisfaites du peintre s'il ne les fait toujours plus belles que le jour. Il faudrait, pour les contenter, ne faire qu'un portrait pour toutes; car toutes demandent les mêmes choses : un teint tout de lis et de roses, un nez bien fait, une petite bouche et de grands yeux vifs, bien fendus, et surtout le visage pas plus gros que le poing, l'eussent-elles d'un pied de large. Pour moi, je vous demande un portrait qui soit moi, et qui n'oblige point à demander qui c'est.

Quelle aimable franchise! quelle profession de foi de la vérité et du bon sens! C'est bien la main qui écrit : « Mettez-vous là, mon gendre, et dînez avec moi. »

Quant au côté comique de la pièce, qu'y a-t-il de plus plaisant que cet échange de soufflets reçus et rendus coup sur coup? « Qui va là? » dit Don Pèdre. — « Ami! » répond Hali en lui rendant le soufflet; soufflet qu'Hali rappelle si plaisamment à Don Pèdre quand, venu chez lui travesti en cavalier espagnol pour favoriser l'entretien de son maître avec Isidore, il lui dit : « Seigneur, j'ai reçu un soufflet; vous savez ce qu'est un soufflet lorsqu'il se donne à main ouverte sur le milieu de la joue. » Don Pèdre comprend-il cette amusante allusion? Mais nous la comprenons, et c'est tout ce qu'a voulu Molière.

Enfin, cette réponse si tristement laconique au pauvre artiste éconduit :

HALI.

Signor, je suis un virtuose.

DON PÈDRE.

Je n'ai rien à donner (1).

Nous n'avons cependant pas encore tout dit sur *le Sicilien*. Nous voulons parler de ce style charmant, de cette prose poétique adoptée par Molière dans cette pièce plus que dans toute autre, et dont font mention tous ses commentateurs, *prose ailée* dans laquelle la plupart des phrases sont écrites sous la forme de vers non rimés ou vers blancs, et

(1) A ce sujet Castil-Blaze, dans son *Molière musicien*, remarque que Molière est le premier qui ait francisé le mot italien *virtuoso*. Douze ans après, Mme de Sévigné dit que la Dauphine est *virtuose*. (Lettre du 28 février 1680.)

particulièrement de vers alexandrins. Ainsi les phrases suivantes (scène deuxième) :

HALI.

Il faut que nuit et jour je n'aie aucun repos.
Mais voici des flambeaux, et, sans doute, c'est lui.

Et plus loin, Adraste répondant à Hali qui amène les musiciens :

Je veux jusques au jour les faire ici chanter.

Vers blanc encore plus caractérisé, puisqu'il joint au rythme de l'alexandrin l'inversion poétique.

La plus grande partie de la comédie est écrite dans ce genre de prose harmonieuse et cadencée. On a dit souvent que le temps avait manqué à Molière pour rimer cette poésie, seulement indiquée, ou que, l'ayant d'abord écrite en vers, il l'avait plus tard réduite en prose. Ne vaut-il pas mieux croire à une volonté particulière de l'auteur de se servir d'un langage tout à la fois poétique et de libre allure, qui concordait avec l'abondance de ses idées et la richesse de son génie ?

Quant à la coupe de la pièce, au rôle important donné à la musique, à la manière heureuse dont elle intervient dans le dialogue, on peut y voir le type primitif, le modèle de ce qu'on nomme aujourd'hui l'*opéra-comique*, de ce genre mixte, composé de paroles et de chant dont le mélange répond si bien au caractère et à l'esprit français.

Ainsi envisagé, *le Sicilien* nous ramène à la question musicale, et c'est là qu'on peut se demander, en établissant un parallèle entre la valeur relative de la musique et de la littérature en 1667, si Molière a trouvé l'équivalent de son œuvre dans la musique de Lulli, et si cette variété de sentiments, cette touche légère et originale que nous signalions en analysant le poème, y sont rendus par le musicien avec tout ce qu'elles ont de vivant et de lumineux?

Certainement, par le temps de progrès et de mouvement où nous vivons, accoutumés à toutes les richesses, à toutes les couleurs variées de la palette moderne, la musique de Lulli, dans sa primitive simplicité, ne répond plus, ni à nos exigences musicales, ni à l'œuvre de Molière. Le temps lui-même nous donne raison en nous montrant l'œuvre du poète brillant encore de tout son éclat, et, par contre, la musique de son contemporain et collaborateur déjà passée, ou peu s'en faut, à l'état archéologique.

Mais, si nous envisageons maintenant la question au point de vue de l'époque, si nous nous reportons en esprit à un temps où l'art de la musique en France se contentait encore le plus souvent de madrigaux et de chansons, où les violons ne servaient, le plus souvent, qu'à faire danser « l'âme des pieds, » comme disait Mascarille, nous ne devons pas nous étonner que cette musique nouvelle de Lulli, avec ses airs pompeux et tendres, ces violons transformés en un orchestre complet auquel les flûtes et les hautbois ajoutaient le charme et la couleur, que tous ces effets alors nouveaux, toutes ces audaces relatives, aient pu charmer la société de ce temps-là, et faire écrire à Mme de Sévigné, à la date du 1er décembre 1673 : « On répète souvent la symphonie de l'opéra; c'est une chose qui passe tout ce qu'on a jamais ouï. Le Roi disait l'autre jour que, s'il était à Paris quand on jouera l'opéra, il irait tous les jours. Ce mot vaudra cent mille francs à Baptiste (1). »

Ici, comme en tout, nous respectons trop le jugement de la spirituelle marquise pour ne pas nous y conformer; avouons même que notre mu-

(1) Avant cela elle écrivait, le vendredi 6 mai 1672 : « Baptiste avait fait un dernier effort de toute la musique du Roi; ce beau *Miserere* y était encore augmenté : il y eut un *Libera* où tous les yeux étaient pleins de larmes. Je ne crois pas qu'il y ait une autre musique dans le ciel. »

sique moderne eût pu paraître, à l'époque dont nous parlons, manquer de convenance et de dignité, là où celle de Lulli, par sa monotonie même et sa respectueuse lenteur, s'associait parfaitement aux habitudes d'une cour où, à commencer par le maître, tout visait au calme et à la grandeur. Palais, vêtements, perruques, appartements, carrosses, tout était en rapport (1). Les fêtes duraient sept jours (en 1664, du 5me de mai au 14me de mai), comme le raconte Félibien, l'historiographe du Roi, dans un style pompeux et hyperbolique qui lui sert « à conserver le souvenir de toutes ces merveilles, » de ces fêtes, dit-il, dans lesquelles « la magnificence et la galanterie du Roi brillaient sous tous les aspects. » On y voit le roi « montant un des plus beaux chevaux du monde, dont le harnais couleur de feu (livrée de Sa Majesté) éclatait d'or, d'argent et de pierreries; son port et toute son action étaient dignes de son rang, son casque tout couvert de plumes incarnates et noires avait une grâce incomparable, et jamais un air plus libre et plus guerrier n'a mis un mortel au-dessus des autres hommes. »

Jupiter dit un jour : Que tout ce qui respire
S'en vienne comparaître aux pieds de ma grandeur.

Il était donc naturel que tout ce qui alors écrivait, parlait, chantait ou dansait, vînt se subordonner à ce Roi-Jupiter, et que ces plaisirs mêmes

(1) « Louis XIV avait en horreur la musique brillante et leste; le duc de Saint-Aignan lui présenta le petit Baptiste (Anet), élève de Corelli, qui joua des morceaux italiens, d'une agilité prodigieuse à cette époque. Le Roi voulut bien écouter cette musique avec beaucoup d'attention, et, quand le jeune virtuose eut fini, Louis demanda qu'on lui fît venir un violoniste de sa chapelle. — Un air de Cadmus, dit le prince. Après que ce musicien eut exécuté cet air court et traînant de Lulli. — Je ne saurais que vous dire, monsieur, voilà mon goût à moi, voilà mon goût, « telle fut la réponse de Louis XIV au duc de Saint-Aignan; et voilà comment les 24 violons, de la sorte encouragés, pouvaient dicter des lois et servir de modèles aux musiciens du reste de l'Europe. » (Castil-Blaze; *Molière musicien*, I, p. 429.)

n'existassent qu'à titre de témoignage de respect et de soumission. Molière, en envoyant, sous la figure d'un marquis, sa Muse reconnaissante gratter du peigne à la porte de la chambre du Roi, ne faisait-il pas dire à cette *grande prometteuse* :

> ... comme vos désirs
> Sont, après ses bontés qui n'ont point de pareilles,
> D'employer à sa gloire, ainsi qu'à ses plaisirs,
> Tout votre art et toutes vos veilles ?

Il en était de même pour les autres œuvres de théâtre. Quinault faisait le plan de plusieurs opéras et les portait au Roi, qui en choisissait un. Lorsque ce choix était fait, Lulli prenait connaissance du sujet et du plan, puis en faisait la musique en même temps que le poète versifiait sa pièce. Tel était le procédé : l'artiste et ses créations faisaient partie d'un ensemble de faits, d'un milieu dont il s'inspirait, mais qui, tout en le soutenant, l'enfermait à la fois dans un cercle étroit d'habitudes et d'exigences, et laissait peu de place à l'invention ainsi qu'à la fantaisie.

C'est dans ces conditions que Lulli a mis en musique la pièce de Molière, et habillé *le Sicilien* à la française de son temps, d'après ses procédés ordinaires et les données reçues, sans tenir compte du lieu de la scène, du caractère des personnages, ni de la couleur essentiellement originale de l'œuvre.

Pourquoi faut-il qu'aucun de nos spirituels et charmants musiciens de la fin du siècle dernier, à commencer par Grétry, Monsigny, Dalayrac, dont les œuvres françaises correspondent si bien au français de Molière, n'aient eu l'idée de compléter *le Sicilien* en y ajoutant le charme de leurs mélodies simples et naturelles ! Ils eussent su, s'inspirant sans peine des accents tendres et délicats que le poète a mis dans la bouche d'Adraste, ou redoublant la verve comique d'Hali et de ses Turcs, nous donner un *Sicilien* complet, à la fois littéraire et musical, les deux arts en valeur égale, en parfaite harmonie.

C'est à cette idée d'appliquer à la partie musicale du *Sicilien* les ressources nouvelles de l'art moderne, la variété de ses richesses harmoniques et rythmiques, que l'on doit les essais tentés à différentes époques (1). Nous obéissons à cette même pensée, mais ici sans apporter aucun changement à la forme première de l'œuvre ni à son titre de comédie-ballet.

Nous avons, autrefois, cédé au même attrait en mettant en musique les intermèdes de *Georges Dandin,* cette comédie sérieuse et philosophique à laquelle l'appoint d'une pastorale chantée et dansée ne pouvait qu'apporter dans la représentation une utile et agréable variété. Aujourd'hui, c'est le piquant sujet du *Sicilien* qui nous ramène à Molière, et avec d'autant plus de raison cette fois que, si *Georges Dandin* peut se jouer sans la pastorale qui forme une pièce à part, dans *le Sicilien* la musique est si entièrement liée à l'action qu'on ne peut rien en distraire sans détruire la pièce elle-même. Avons-nous su les comprendre et faire passer dans notre musique cette nature de sentiment légère et tendre, ce langage consacré aux *amants malheureux* de ce temps-là, mais dans lequel on peut retrouver le Molière, toujours et partout l'homme du bon sens et de la vérité, qui, affirmant son culte passionné pour cette rare vertu, substitua aux armes de sa famille les trois miroirs d'argent en champ d'azur ? (V. page 88.) Tout au moins sommes-nous resté, et par conviction, dans une note correspondante au caractère et au style de

(1) Castil-Blaze cite comme essais de ces transformations du *Sicilien* en opéra comique :

Dauvergne, 10 mars 1780, au théâtre de la cour à Versailles ;

Anatole Petit, 11 juin 1827, à l'Académie royale de musique ;

Justin Cadeaux, à l'Opéra-comique, 18...

On trouve aussi, dans le *Dictionnaire des Opéras* de F. Clément et Larousse, mention d'un *Sicilien,* opéra-comique en un acte, musique de M. Joncières, représenté à l'École Lyrique en décembre 1859.

C'est dans le même ordre d'idées, mais pour d'autres œuvres de notre grand comique, qu'ont été faits *le Médecin malgré lui* de Gounod (1858), et *l'Amour médecin* de Poise (1880).

l'œuvre, particulièrement dans le dialogue et les récits : il est des vérités premières qu'on ne peut remplacer sans les fausser.

Dans la partition qui va suivre, les airs de ballet des scènes IX et XXII, réduits à quatre mains pour en rendre l'exécution plus complète, sont des airs turcs, appropriés à la durée nécessaire de la scène et aux exigences de la danse.

Le premier air est connu en Turquie sous le nom d'*Iskia samaïsi.* Fétis, dans son *Histoire générale de la musique* (1), le cite comme ayant été célèbre à Constantinople et dans l'Asie Mineure jusque dans la première partie du XIXe siècle; il se joue sur le *tanbourah* (2) ou sur la *kemângeh* (3).

Le second intermède musical est composé de la réunion de deux airs : l'un, d'un rythme très animé, est une danse populaire, toujours accompagnée du tambour de basque ; l'autre, que le premier encadre, est une chanson mauresque d'Alger, d'un caractère doux et tendre comme la plupart des chansons arabes; les paroles traduites sont : « Ah ! ma gazelle, la plus belle... »

Quant à l'exécution complète du *Sicilien*, tout en reconnaissant les difficultés que présente la réunion simultanée des trois genres : dialogue, musique et danse, nous ne pouvons mieux faire, pour prouver l'importance que Molière attachait à l'exécution de ces intermèdes, que

(1) Tome II, page 396. Fétis donne cette mélodie comme tirée du livre de Toderini, *Letteratura turchesca*, t. I, pl. 2.

(2) Pour la description du *tanbourah*, Fétis renvoie à celle qu'il a donnée dans son quatrième livre des divers *tanbours* de la musique arabe, qui, malgré des variétés assez prononcées, rentrent tous dans un même genre d'instruments à cordes pincées. Ce sont tous de grandes mandolines à long manche, avec chevilles ne formant avec le manche qu'une ligne verticale divisée par de nombreuses cases.

(3) La *kemângeh* est décrite par Fétis dans l'ouvrage cité, t. II, p. 135. C'est un instrument à archet, et à cordes formées d'une mèche de crin noir, sur un corps en bois de coco.

de nous en rapporter à ce qu'il en dit lui-même dans l'avis au lecteur mis en tête de *l'Amour-médecin*, sa quatrième *comédie-ballet* :

« Ce que je vous dirai, c'est qu'il serait à souhaiter que ces sortes d'ouvrages pussent toujours se montrer avec les ornements qui les accompagnent chez le Roi : vous les verriez dans un état beaucoup plus supportable, et les airs et les symphonies de l'incomparable M. Lulli, mêlés à la beauté des voix et à l'adresse des danseurs, leur donnent sans doute des grâces dont ils ont toutes les peines du monde à se passer. »

EUG. SAUZAY.

MUSIQUE D'EUGÈNE SAUZAY

POUR

LE SICILIEN

SCÈNE I

Fragment de Comédie chanté et accompagné par les musiciens qu'Hali a amenés.

ADRASTE. *(Place-toi contre ce logis, afin qu'au moindre bruit que l'on fera dedans, je fasse cacher les lumières.)*

ten.

sf

p Dolce.

sf

Cresc.

f

Premier musicien représentant PHILÈNE.

Si du tris-te ré-cit de mon inqui-é - tu - de, Je trouble le repos de vo-tre so-li-

Récit.

-tu-de, Rochers, rochers, ne soyez point fâ-chés; Quand vous saurez l'excès de mes peines se-

sf

-crè-tes, quand vous saurez l'ex-cès de mes peines se-crè-tes, Tout rochers que vous
Mesuré.
ê - tes, tout rochers que vous ê - tes, Tout rochers que vous
p
f
p
ê - tes, Vous en se-rez tou-chés,
vous en se-rez tou-chés, vous en se-rez, vous en se-
p
Cresc.

Allº moderato (96 = ♩)

-rez — fou chée

Flûte solo.

p Dolce

f

Dimin.

p

Alto solo.

ten

Deuxième musicien représentant TIRCIS.

Les oi-seaux ré-jou-

tr

p Legato.

-is, Dès que le jour s'a - van - ce, re-com - men - cent leurs
chants Dans ces vastes fo - rêts
Et moi, et moi, et moi je recom-
-men - ce mes sou - pirs lan-guis - sants, mes sou -
Cresc.

_pirs, mes sou _ pirs. lan_guis _ sants, mes sou _ pirs, mes sou_

Dolce. Cresc.

_pirs lan_guis _ sants Et mes tris_tes re _ grets.

p f p Flûte.

Alto solo. sf

TIRCIS. Récit.

Ah! mon cher Phi_

PHILÈNE.

Von Animé. f

_lè_ne.
Que je sens de pei_ne!
Ah! mon cher Tir_cis!
Que j'ai de sou_
Flûte.
p
Vons
mf
Flûte.
Dolce.
Un peu animé. (72 = ♩)
_cis!
Toujours sourde à mes vœux est l'in_gra _te Cli_
Vons
Mesuré.
Chloris n'a point, pour moi, de re_gards a_dou_
_mè _ ne.

_els. O loi trop inhu_mai _ ne! O loi trop inhu_
O loi trop inhu_mai _ ne! O loi trop inhu_
p
_mai _ ne! Amour, a _ mour. si tu ne peux les contraindre d'ai_
_mai _ ne!
Cresc.
_mer, Pourquoi ___ leur lais _ ses _ tu le pou _ voir de char_
f
Cresc.

-mer? A - mour, Si tu ne peux les contraindre d'ai -
A-mour, a - mour, Si tu ne peux les contraindre d'ai -
-mer. Pourquoi leur lais - ses - tu le pou - voir
-mer, Pourquoi leur lais - ses - tu le pou - voir
Cresc.
de char - mer?
de char - mer?

SCÈNE II

Vif et gai. (104 = ♩)

1er Von — Fl. — Hautb. — *mf* — *Cresc.* — *f* — Von — *p*

Troisième musicien représentant UN PÂTRE.

Pau_vres a_mants quelle er_reur d'a_do_rer des in_hu_mai_nes! Ja_mais les â_mes bien sai_nes ne se payent de ri_gueur; Pauvres a_mants pauvres a_mants; Ja_mais

A volonté.

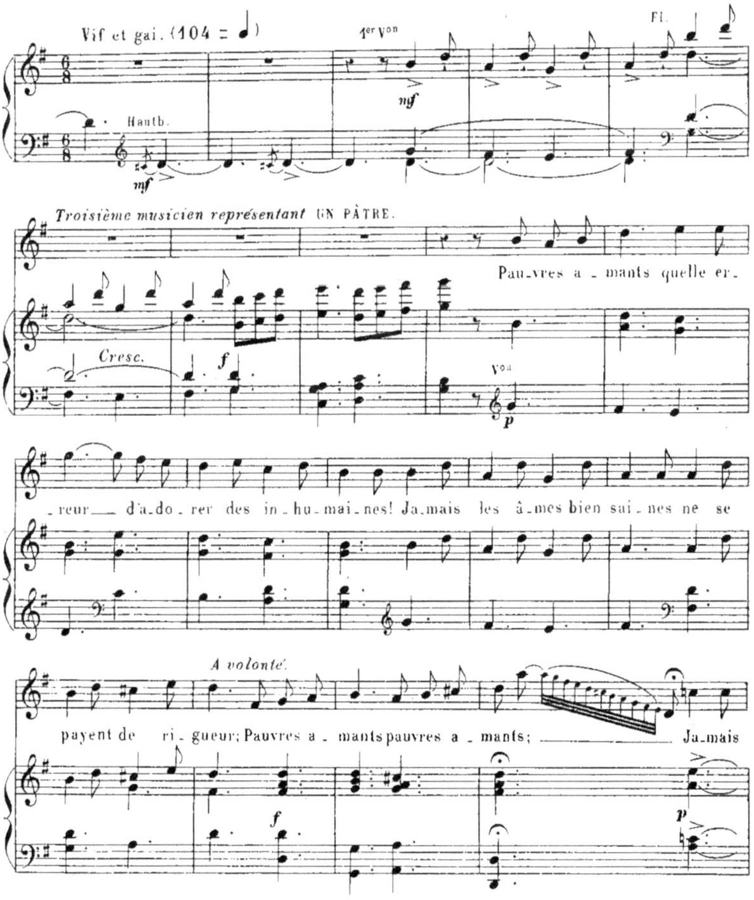

les âmes bien sai_ _nes ja_mais les â_mes bien
sai_nes, ne se payent de ri_gueur; Et les fa_veurs sont les chaî_nes qui doi_
A volonté.
(104 = ♩)
_vent li_er un cœur. Pauvres a_mants, pauvres a_ _mants! On voit cent belles i_
Cresc.
sf
f
p
_ci Au-près de qui je m'em-pres_se; A leur prouver ma ten_
Hautb.
Hautb.

_dresse: Je mets, je mets mon plus doux sou _ ci; je mets mon sou_ci, je mets _ mon sou_
Hauth.
sf
_ci; Mais, lorsque l'on est ti_gres _ _ se, mais, lorsque l'on est ti_
Hauth.
Cresc.
Bassons.
sf
_gres _ _ se Ma foi, je suis tigre aus_si, ma foi, _ ma foi,
f
tr
sf
ma foi, je suis tigre aus _ si _ je suis, je suis tigre aussi _
Sempre f
Dimin.
Poco rit.

Tempo 1º
Pauvres a_mants, quelle er_reur D'a_do_rer des in_hu_
ten.
_mai_nes! Ja_mais les â_mes bien sai_nes Ne se pay_ent de ri_
A volonté.
_gueur; Pauvres a_mants,pauvres a_mants! Ja_mais
f
p
les â_mes bien sai_nes ja_mais
Flûte.
p

Animé.
des â_mes bien sai _ nes, Ne se pay _ ent de ri _ gueur; Et les
f
mf
fa _ veurs sont les chaî _ nes Qui doi _ vent li _ er un cœur Pauvres a _
Flûte.
Cresc.
sf
f
Allº moderato. (96 = ♩)
_ mants, pauvres a _ _ mants!
TIRCIS.
Dolce.
Heu _ reux, hé _
PHILÈNE.
Heu _ reux, hé _
Allº moderato.
Flûte.
p
Hautb.
Velle
p

Pauvres a_mants quelle er _ reur De se pa _
_las! heu _ reux qui peut ai _ mer ain _
_las! heu _ reux qui peut ai _ mer ain _
_yer de ri _ gueur! Pauvres a_mants,
_si, qui peut ai _ mer ain _ si. Heu _ reux, hé _
_si, ai _ mer ain _ si. Heu _ reux, hé _
Dolce.

pau_vres a _ mants ___ quelle er _ reur ______ de ce pa_
_las! ___ heu _ reux, qui peut ai _ mer ain _
_las! heu _ reux, qui peut ai _ mer ain _
Cresc.
f
_yer de ___ ri _ gueur, pau _ vres pau _ vres a _
_si ain _ _ si, heu _ reux hé _
_si ain _ _ si, heu _ reux qui peut ai _
Doux.
f
p Doux et lié.

-mants, pau - vres, pau - vres a - mants, pau - vres pau - vres, pau -
-las! heu - reux, hé - las! heu - reux qui peut ai -
-mer, heu - reux qui peut ai - mer, heu - reux qui peut ai -
(104 = ♩)
-vres a - mants, Ah! quelle er -
-mer ain - si. heu -
-mer ain - si. heu - reux, hé -
Più mosso
Sempre f

-reur, ——— ah! quelle er-reur, ah! quelle er-

-reux, hé-las! heu-reux, heu-reux, qui

-las! heu-reux, heu-reux, heu-reux, qui

Cresc. f

-reur de se pa-yer de ri-gueur ah! quelle er-

peut ai-mer ain-si. heu-

peut ai-mer ain-si, heu-reux, hé-

p

-reur, ——— ah! quelle er - reur, ah! ___ quelle er -
-reux, hé - las! heu - reux heu - reux qui
-las! heu - reux, heu - reux, heu - reux qui
Cresc.
Animé.
-reur, de se pa - yer de ri - gueur! pau - vres a -
peut ai - mer ain - si, heu - reux qui
peut ai - mer ain - si, heu - reux qui
Animé.
f

mants. ah! quelle er - reur de se pa - yer
peut ai - mer ain - si, heu - reux qui peut ai -
peut ai - mer ain - si, heu - reux qui peut ai -
ff
de ri - gueur!
-mer ain - si!
-mer ain - si!
f
sf
f

SCÈNE IX

DON PEDRE, ISIDORE, HALI, ESCLAVES TURCS.

HALI *Chala Bala... Voici une chanson nouvelle, qui est du temps, écoutez bien. Chala Bala.*

peut, que des yeux, s'en_tre_te_nir a_vec el_le.
Cresc.
mf
Est-il peine plus cru_el_le pour un cœur bien amou_reux? est-il pei_ne plus cru_
p
ten.
ten.
Animé (72 = ♩.)
HALI à don PEDRE.
_el_le pour un cœur bien a_mou_reux? Chi_ri_bi_ri_da ouch al_
ten
ten
mf
_la, star bon tur_ca, ouch al_la, star bon tur_
sf
sf

sf
sf
-ca, non a-ver da-na-ra: ti vo-ler com-pra-ra mi ser-vir à ti si pa-gar per
mi far bo-na cu-ci-na, mi le-var ma-ti-na, far bol-ler cal-da-ra far bol-ler cal-
Ritard.
Tempo 1°
-da-ra, par-la-ra, par-la-ra, ti vo-ler com-pra-ra? ah!
p
Chi-ri-bi-ri-da a al-
tr
f
sf

_la, star bon tur _ ca, ah! a
Turcs chantants et dansants.
al_la al_la. Chi_ri_bi _ ri_da al_la, al_la Chi_ri_bi_ri_
al_la al_la, Chi_ri_bi _ ri_da al_la, al_la Chi_ri_bi_ri_
al_la al_la, Chi_ri_bi _ ri_da al_la, al_la Chi_ri_bi_ri_
f sf sf sf sf
Chi_ri_bi_ri_da al _ la.
_da ouch al _ la.
_da ouch al _ la.
_da ouch al _ la.
ENTRÉE DE BALLET. Danse des esclaves.
All^o comodo (96 = ♩)
ten. ten. ten. ten.
f sf pp
(Suivez à 4 mains)

SECONDA.

pp
1a
2a
ff
8
Dim.
p

SECONDA.

PRIMA
ten.
ten.
f
1ª
Cresc.
2ª
1
1
p
ten.
ten.
ten.
ten.
6
6

SECONDA.
6
6
6
6
6
pp
ten.
sf
ten.
sf
Dimi
nuen
do
Cor.
sec.
f
sec.

ten
ten
ten
ten
pp
8
Dimi
nu
en
do.
p
f
sec.
sec.

Moderato (96 = ♩)
L'ESCLAVE. à Isidore
C'est un sup - plice à tous coups, sous qui cet amant ex -
- pi - re mais, si d'un œil un peu doux la bel -
- le voit son mar - ty - re, et con - sent qu'aux yeux de
tous, pour ses at - traits il sou pi - re.
p

Il pourrait bien_tôt se ri _ re De tous les soins du ja _ loux.

p *ten.* *ten.*

Il pour_rait bien_tôt se ri _ re De tous les soins du ja _

mf *ten.*

(à Don Pèdre.)

_loux. Chi_ri_bi_ri_da ouch al _ la, star bon tur _ ca, ouch al _

mf *sf*

_la, star bon tur _ ca, non a _ ver da _ na _ ra, ti vo _ ler com _

_pra_ra mi ser_vir a ti,_ si pa_gar per mi, far bo_na cuc_ci_na, mi le_var ma_
mf
Dimin.
_ti_na, far bol_ler cal_da_ra, far bol_ler cal_da_ra, par_la_ra, par_
Ritard.
_la_ra, ti vo_ler com_pra_ _ra Ah_
chi_ri_bi_ri_da_ _ al_
f
sf
tr

_la star bon tur _ ca Ah _ _
Al_la! al_la! chi_ri_bi_ri_da al_la!
Al_la! al_la! chi_ri_bi_ri_da al_la!
Al_la! al_la! chi_ri_bi_ri_da al_la!
f
chi_ri_bi_ri_da_ _ _ al_
al_la chi_ri_bi_ri_da ouch al_
al_la chi_ri_bi_ri_da ouch al_
al_la chi_ri_bi_ri_da ouch al_
tr
sf
(Reprenez à 4 mains)

Les esclaves recommencent leur danse.

Les esclaves recommencent leur danse.
All° comodo. (96 = ♩)
PRIMA.
-la
-la
-la
-la
p
Animez.

SECONDA.

PRIMA.

SECONDA.

8
Dimin.
Tempo 1°
Riten.
Dimin.
pp
8
Cre - scen - do f

Don PÈDRE.
Savez-vous mes drôles, Que cette chan-son Sent, pour vos épaules, Les coups de bâ-ton? Chi-ri-bi-ri-da ouch al-la, chi-ri-bi-ri-da ouch al-la, mi ti non com-pra-ra, ma, ti bas-to-na-ra, si ti non an-da-ra, mi ti non com-pra-ra, mi ti bas-to-
sf
mf

(Reprendre à 4 mains.)

SCENE XXII

ENTRÉE DU BALLET

Plusieurs danseurs, vêtus en Maures, dansent devant le sénateur et finissent la comédie.

SCÈNE XXII

ENTRÉE DU BALLET

Plusieurs danseurs, vêtus en Maures, dansent devant le sénateur et finissent la comédie.

PRIMA.

SECONDA.

pp
f
Cresc.
Fl.
ff
p Dolce.
Cl.
f

ff
p
Ritard.
(108 = ♩)
Meno mosso.
C.B.
f
f
f
Dolce.
f
p

8
ff
8
Dimin.
Ritard.
(108 = ♩)
1er Von
p
Clar.
Flûte.
Meno mosso.
p
Hauth.
p
p
p
1ers Vons
p
Flûte.
3

sf
p
p
mf
pp
Cresc.
p Dolce
1° Tempo très animé.
Cresc
e riten.
f

Dolce.
f
p
mf
Flûte.
pp
Vons
Cresc.
f
p Dolce.
Cresc
e riten.
1° Tempo très animé.
8
f

Cresc.
f
pp
f
Cresc.
Prestissimo.
f

8

Cresc. f pp f

Cresc. f Prestissimo.

Cresc.
ff
Cresc.
f
f
f
ff
8va bassa
8va bassa

Cresc.
ff
Cresc.
8
f
f
8
ff

TABLE DES GRAVURES.

N. B. — Les encadrements et faux-titres, les en-tête ornés, culs-de-lampe et lettrines sont, de même que le titre-frontispice, dessinés par M. Cl. Popelin et gravés par M. Prunaire. (V. pages 1, 9, 11, 12, 13, 20, 21, 23, 50, 51, 69, 71 et 88.)

TABLE DES MATIÈRES.

DEUXIÈME PARTIE.

Paris. — Typ. de Firmin-Didot et Cie, 56, rue Jacob. — 10490.

Paris — Typographie de Firmin-Didot et Cie — 10490

www.ingramcontent.com/pod-product-compliance
Lightning Source LLC
LaVergne TN
LVHW050535100826
845148LV00002B/567

9782012186460